대한민국은
최초의 동방 국가이[
이스라엘 국가이다

한글은
완성된 동방 언어이며
이스라엘 언어이다

대한민국은 최초의 동방 국가이며 이스라엘 국가이다
한글은 완성된 동방 언어이며 이스라엘 언어이다

지 은 이 이호일

1판 1쇄 발행 2020년 2월 7일

저작권자 이호일

발 행 처 하움출판사
발 행 인 문현광
교   정 신선미
편   집 홍새솔
주   소 전라북도 군산시 축동안3길 20, 2층 하움출판사
I S B N ISBN 979-11-6440-112-3

홈페이지 http://haum.kr/
이 메 일 haum1000@naver.com

좋은 책을 만들겠습니다.
하움출판사는 독자 여러분의 의견에 항상 귀 기울이고 있습니다.

이 도서의 국립중앙도서관 출판예정도서목록(CIP)은 서지정보유통지원시스템 홈페이지(http://seoji.nl.go.kr)와
국가자료종합목록 구축시스템(http://kolis-net.nl.go.kr)에서 이용하실 수 있습니다. (CIP제어번호 : CIP2020003046)

대한민국이 최초의 동방 이스라엘 국가이며,
한글이 완성된 동방 이스라엘 언어라는 것을 알기 위해서는

첫째로- 성서에 대한 바른 이해가 필요합니다.
둘째로- 동양의 음양 이론에 대한 바른 정의와 이해가 필요합니다.
셋째로- 섭리에 의해 전해져 내려오는 한국인의 역사서 '서효사'와
        '천부경'에 대한 바른 이해와 안목이 필요합니다.

목차

1. 성서의 바른 이해

나는 성서만을 책이라고 생각하는 사람입니다.

성서는 이스라엘의 모든 치부를 드러낸 바로 된 역사서이고, 사람이 쓰고 지우고 만드는 역사서와는 비교할 수 없는, 세상을 바르게 볼 수 있는 전혀 다른 세계의 역사서이기 때문입니다.

성서는 그 자체로 완성된 철학 서적이고, 집단이 아닌 개인을 위해 쓰인 피가 되고 살이 되는 진짜 양식의 글입니다.

나는 누구인가? ..   바로 된 인간인가?

나는 어디에 있는가? .. 바로 된 곳에 있는가?

나는 어디로 가는가? .. 바로 된 곳으로 가는가?

세상 사람들 중에 위 세 개의 질문 중, 하나라도 바르게 답할 수 있는 분이 있으면 손들어 보십시오. 성서는 그 자체로 인생이고, 그 답을 구하는 인간의 양식이 되는 글입니다.

① 이스라엘 국가의 개요

먼저 성서를 이해하기 위해서는(=하느님의 목적을 알기 위해서는) 사람의 몸에 뼈와 피와 살이 있어 제 역할을 하듯이, 성서의 뼈대가 무엇이고 피와 살을 이루는 부분이 무엇인지 아는 것이 중요합니다.

　이스라엘의 시작은 아브라함부터입니다. 그와 그의 후손에 의해 이스라엘 14지파(12지파+2지파)가 탄생합니다. 그런데 그 14지파의 배경이 되는 분들이 바로 동방의 10뿔(죄=여자)입니다.
　이스라엘 14지파가 뼈대라면, 동방의 10뿔은 피와 살이 되는 개념입니다. 동방의 10뿔은 죄의 모든 것이요, 14지파를 낳은 모체라 할 수 있습니다. 그러한 10뿔과 14지파간의 일련의 진행과정을 아는 것이, 성서와 이스라엘의 배경을 이해하는 요체라고 할 수 있습니다.

　· 이스라엘 전기 14대- 14지파의 탄생과 더불어 유다와 북이스라엘로 분할되는 정치체제를 갖게 됩니다.
　· 이스라엘 중기 14대- 14지파와 10뿔(죄)과의 관계에서 10왕(列王=十王)이 탄생하며 인간의 정치사와 별다른 것이 없습니다.
　· 이스라엘 후기 14대- 14지파의 타락과 더불어 바빌론의 유수로, 믿음을 상실한 이스라엘인들의 자화상입니다.

　여기서 잠깐, 눈치 있는 분들은 한글의 구성 요소와 이스라엘 14지파-10뿔이 의미(자-모) 면에서 같다는 것을 아셨을 것입니다.

　· 한글 초성= 14자음
　· 한글 중성= (14자음)+10모음
　· 한글 종성= 14자음

② 생명의 정의

전하는 글의 이해를 위해서 "정의+평화+말씀"의 셋을 묶어서 살아있는 생명이라고 정의하겠습니다.

· 정의- 미가엘 천사의 영역
· 평화- 루시엘 천사의 영역 (하느님을 떠나 악마의 루시퍼가 됨)
· 말씀- 가브리엘 천사의 영역

③ 죽음의 모든 원흉 10뿔의 이해

이스라엘 집을 세운 레아(암소) 라헬(암양) ..

· 레아의 여섯 뿔(동방의 6여자-죄)-------- 6지파 탄생
· 라헬의 종 빌하 두 뿔(동방의 2여자-죄)--- 2지파 탄생
· 레아의 종 실바 두 뿔(동방의 2여자-죄)--- 2지파 탄생
· 라헬은 **뿔이 없음**- 요셉과 베냐민의 2지파가 탄생하고, 그리하여 이스라엘 12지파가 탄생합니다. 그 이후에..
· 요셉+애굽 제사장의 딸(아스낫-동방여자)과의 사이에서 2지파가 탄생하고 모두 이스라엘 14지파가 완성됩니다.

(레아 6뿔+빌하 2뿔+실바 2뿔)이 동방의 10뿔입니다.
이스라엘 14지파 중에서 빌하에게서 나온 단지파와 아스낫에게서

11

나온 에브라임지파는 가나안 인격의 소유자라 이스라엘 계보에서 사라집니다. 그리하여 <u>구원받는 이스라엘 12지파</u>의 목록이 완성됩니다.

이스라엘의 전체적인 맥락에서 봤을 때, 단과 에브라임이 사라지는 시점에서 이스라엘 12지파 중 그 사람의 업적에 따라서 진짜 그리스도를 신랑으로 맞이하기 위해 종려나무를 손에 쥐는 사람과, 가짜 그리스도를 신랑으로 맞이하기 위해 아카시아 나무를 손에 쥐는 사람으로 나뉩니다.

뿔(죄)과의 전쟁을 통해서 인내심을 발휘하며 끝까지 인간의 길을 가는 사람은 짊어진 짐(죄)이, 힘들겠지만 많은 시간이 지난 뒤에 종려나무를 손에 쥐고, 그 짐이 자신에게 진짜 재산이 되는 과정을 보게 됩니다. 열매 맺는 인간의 모습이라. 짐을 버리지 않고 인간의 길을 추구하는 삶의 자세가 늘 깨어나 기도하는 인간의 모습입니다.

세상은 보지 못합니다.

④ 동방(3뿔+7뿔=10뿔)의 의미

사탄의 세 뿔과 음부의 일곱 뿔이 있으며, 그 깊은 곳이 '동방'입니다. 뿔이 하나면 언어도 하나입니다. 그러나 하느님이 세운 동방에는 모두 10개의 뿔(=10개의 모음)이 존재합니다.

예수님이 '빵 다섯 개와 물고기 두 마리'로 5,000명을 먹이신 <u>오병</u>

이어의 기적과 갈릴리 호숫가에서 '빵 일곱 개와 물고기 세 마리'로 4,000명을 먹이신 칠병삼어의 기적에서 **'빵 다섯 개와 빵 일곱 개'** 가 동방의 정수라고 할 수 있습니다.

  · 빵 다섯- 사탄의 세 뿔+가나안의 소돔 뿔+애굽의 뿔
  · 빵 일곱- 눈 없는 일곱 천사 (=악마의 일곱 뿔)

  ① 사탄의 삼박자(사탄의 3뿔)
  생명과는 반대의 길을 가는 (反정의+反평화+反말씀)을 일컫는 말로 정의하겠습니다.

  요한 계시록의 일곱 봉인 중 첫째 봉인과 둘째 봉인과 셋째 봉인된 것이 사탄의 삼박자에 해당되는 내용입니다.
  · 첫째 봉인(反정의)- 흰 말을 탄 자가 있는데 그 흰 말 탄 자가 활을 가졌고, 면류관을 받고 나가서 또 이기려고 하더라.
  · 둘째 봉인(反평화)- 붉은 말을 탄 자가 허락을 받아 땅에서 화평을 제하여 버리고, 서로 죽이게 하는 큰 칼을 받았더라.
  · 셋째 봉인(反말씀)- 검은 말을 탄 자가 손에 저울이 있는데, 한 데나리온에 밀 한 되요 한 데나리온에 보리 석 되로다. 감람유와 포도주는 해치지 말라 하더라.

  예수님이 광야에서 사탄에게서 시험받은 셋이 사탄의 삼박자에 해당하는 내용입니다. (마태복음 4장 1-10절)

· <u>反</u>말씀- 사십일을 금식하신 후에 주리신지라, 시험하는 자가 "네가 하느님의 아들이라면 명하여 돌들을 떡으로 만들라" 이에 예수께서는 "나는 하느님의 말씀으로 사는 자라"

· <u>反</u>평화- 마귀가 예수님을 거룩한 성 가장 높은 곳으로 데리고 가서 "뛰어내려 보라 하느님이 너를 다치지 않게 하시리라" 이에 예수님이 "너의 하느님을 시험치 말라 하셨느니라"

· <u>反</u>정의- 마귀가 지극히 높은 산으로 예수님을 데리고 가서 천하만국과 그 영광을 보여주며 "네가 엎드려 경배하면 이 모든 것을 너에게 주리라" 이에 예수께서 "사탄아 물러가라"

② 죽음의 네 바람= 계시록의 (첫째 봉인+둘째 봉인+셋째 봉인+넷째 봉인)

동방에서 부는 네 바람으로, 네 고을 혹은 함의 나라로 표현되며, 사탄의 삼박자에 계시록의 넷째 봉인이 더해진 것으로, 한 묶음으로 서로 떨어질 수 없는 관계에 있습니다. 넷째 봉인된 것은 가나안 방언을 사용하는 사람들의 처소가 되는 곳이며, 소돔이 대표적이라고 할 수 있습니다.

③ 일곱 뿔의 이해

요한 계시록에서 일곱 번째 봉인에 등장하는 눈 없는 일곱 천사로, 동방의 일곱 교회의 모체가 되는 죄(여자)입니다. 이 일곱 뿔(죄)은 요단을 건너기 전의 여섯 뿔과 요단을 건넌 후의 하나의 뿔로 구성되어 있습니다. 레아의 여섯 뿔이 동방의 여섯 교회의 축이 되는 뿔이고, 이들이 이후에 라마에 오르는 여섯 날개입니다. 넷째 봉인의 죽음과 지옥의 뿔이 요단을 건넌 후의 일곱 번째 뿔입니다.

동방의 여섯 교회 (여섯 뿔)		동방의 일곱 번째 교회 (일곱 번째 뿔)
· 에베소 교회	⇨	
· 서머나 교회	⇨	
· 버가모 교회	⇨ 요단 ⇨	· 라오디게아 교회
· 두아디라 교회	⇨	
· 사데 교회	⇨	
· 빌라델피아 교회	⇨	

5 고개-둘의 의미

첫 번째 고개 (동방의 여섯 교회)	– 요단 –	두 번째 고개 (동방의 일곱 번째 교회)

예수님은 천국을 낙타의 등(고개-둘)에 비유하셨습니다. 그러나 고개 둘이 모두 완성된 것은 아닙니다. 첫 번째 고개는, 오래전에 하느님의 서자 출신 수컷 그리스도 환웅에 의해 생겨났지만, 두 번째 고개는 완성된 것이 아닙니다. 그렇기 때문에 미완성의 두 번째 고개를 넘기 위해서는 믿음으로 헌신하는 두 사람(제사장+왕)과 14지

파의 힘이 필요합니다. 물론, 두 번째 고개를 완성하신 분은 적자 출신의 예수님임에 의심할 필요가 없지요.

모든 인류가 일곱 교회를 벗어나지 못합니다. 모든 교회에 중심이 되는 뿔과 함께 10뿔이 있으며, 이 글을 읽는 독자께서도 일곱 교회의 어느 한 곳을 처소(고향)로 하고 있습니다. 애굽을 탈출한 모세도 자신이 속해 있는 교회에서 벗어나 요단에 이르기까지 근 40년의 시간을 바란 광야에서 허비했습니다.

그러나 죄로 인해 애굽을 떠난 모든 1세대는 사망했고, 눈의 아들 여호수아와 갈렙만이 이스라엘 민족을 이끌고 요단을 건넙니다.

이스라엘에 모세만 한 선지자가 없다고 합니다. 그러나 그런 모세도 믿음이 없어서 여호와의 거룩함을 드러내지 못하고 죄로 인해 요단을 건너지 못하고 땅에 묻힙니다.

모세는 여자(죄)와 수컷 그리스도의 경계가 되는 사람입니다. 세상에 여자 아닌 사람은 없습니다. 누구든지 모세(여자)를 넘어서는 사람은 여자가 아니라 수컷 그리스도라 할 수 있습니다.

죄 없는 수컷만이 요단을 건널 수 있습니다.

이전에 애굽에서 일곱 색깔 무지개 옷을 입고 메시아의 뜻을 성취한 요셉의 뒤를 이어 영적으로 제사장이 된 여호수아와 왕이 된 갈렙이, 수컷 요셉의 뒤를 이어 그 임무를 대신합니다.

에브라임의 여호수아와 유다의 갈렙이 이스라엘 민족을 이끌고 요단을 건널 수 있었던 것은 수컷 요셉의 영이 하느님의 장막과 함

16

께 그 뒤에 있기 때문입니다.

이후에 14대가 세 번 지나고 마지막 대에 예수님께서 오십니다. 일점의 죄 없이 온전한 인생을 살아오신 분입니다. 종국에는 3의 하늘에 여섯 별을 낳으며 <u>두 번째 고개를 완성</u>하시고 십자가의 죽음으로 24개의 탑(알파-오메가)을 완성하십니다. 3의 하늘에 여섯 별을 낳을 수 있는 분은 반드시 성부와 일체하는 분, 동정녀 마리아께서 잉태하시고 낳으신 적자 출신의 독생자 예수님만이 가능합니다.
개신교에서 동정녀를 부인하는 이유는 그것을 수컷의 눈이 아닌 여자의 눈으로 보고 판단하기 때문입니다.

<u>두 번째 고개의 완성</u>은 "마태복음 23장 37-39절"의 예수님 말씀을 통해서 알 수 있습니다.
(마태복음 23장 37-39절) "예루살렘아, 예루살렘아(=여섯 날개야, 여섯 날개야) 선지자들을 죽이고 네게 파송된 자들을 돌로 치는 자여, 암탉이 그 새끼를 날개 아래 모음같이 내가 네 자녀를 모으려 한 일이 몇 번이더냐, 그러나 너희가 원하지 아니하였도다. 보라 너희 집이 황폐하여 버려진 바 되리라. 내가 너희에게 이르노니 이제부터 너희는 찬송하리로다. 주의 이름으로 오시는 이여 할 때까지 나를 보지 못하리라." 하시니라.

예수님은 죽음을 이겨내고 바람의 권세를 완전히 손에 넣으셨습니다. 아론의 싹 난 지팡이와 예수님 사이에서 패악의 길을 잃어버린 여섯 날개는 오로지 하나의 길만 있을 뿐이다. 여섯 날개는 예수님 오신 곳 베들레헴이 아니면 갈 수 있는 곳이 없습니다.

이러한 과정이 있기까지 음녀(예루살렘)의 패악에 대한 고발은, 많은 선지자들에 의해 경고와 처벌과 예언이 성서에 도배 되어 있습니다. 가나안의 헷 족속과 아모리 족속의 피를 마셔버린 그녀(예루살렘)들의 난잡한 죄로 인해, 악의 대명사인 소돔과 사마리아가 상대적으로 의로운 사람으로 둔갑 합니다. 사마리아는 애굽에서 넘어온 여자인데 예루살렘이 저지른 죄악의 절반에도 미치지 않습니다. 이것이 원인이 되어 이후에 연옥을 낳습니다.

24개의 탑(A-Ω)은 그 옛날, 하느님의 서자 환웅 수컷 그리스도님은 천부인(天符印) 세 개(정의印+평화印+말씀印)를 가지고 먼저 오셔서 하늘에 18(6교회*3)개의 별을 낳았습니다. 요단을 건너기 전의 죽음의 여섯 처소에 생명(정의 6별, 평화 6별, 말씀 6별)을 심어 놓으셨습니다.

예수님이 요단 건너 3의 하늘에 낳은 여섯 별을 합해서 24개의 탑이라 명명하였습니다. 누구도 깰 수 없는 금자탑입니다. 예수님은 천상천하 유아독존(흠 없는 인생의 절대 평화)이라고 말씀 드릴 수 있습니다. 이제, 서자부의 아들들이 요단을 건너 두 번째 고개를 들어가더라도 하느님과 함께하는 길이요, 성서에 있듯이 한 분도 빠짐없이 예수님이 살려냅니다.

양이 늑대의 굴에 들어가서 늑대가 보는 앞에서 하룻밤 자고 여유있게 자신의 길을 갑니다. 서자부의 아들들이 24번째 탑을 공짜로

얻었습니다.

⑥ 구원의 의미

구원은 '너와 너의 집' – '너'가 먼저이고 '너의 집'이 나중입니다.

세상은 '너의 집 그리고 너' – '너의 집'이 먼저이고 '너'가 나중입니다. 이것은 하느님의 길을 가는 사람들에게는 짐이 됩니다. 하늘에서는 '너'가 구원에 이르면 '너의 집'이 따라오지만, 세상에서는 '너의 집'이 먼저이고, '너'가 종으로 따라갑니다. 종 된 개념에 대한 세상의 언어치레는 생략합니다.

세상은 여자(죄)와 여자(죄)의 경쟁 구도 속에 있습니다. 처소 없이 살아가는 많은 의로운 사람들이 죄 안에 갇혀서 고뇌하는 인생을 보냅니다. 총 든 군인을 상대로 맨주먹으로 붙어야 하는 세상 경험을 통해서 이미 당신은 구원의 문턱에 와 있습니다.

<u>고개 둘의 완성이 주는 의미는</u> 짐 진 자들의 인생에 있어서, 그 짐이 자신의 재산이 되고 안 되고는 그 사람의 몫으로 남게 되었습니다.

예를 들어서 사람은 인내와 반성이 없으면 숙명적으로 교만을 먹게 되어 있습니다. 그렇게 반성하는 인생을 살다 보니 주변에 잘못된 것들이 눈에 보입니다. 그리하여, 당신이 주변(부모형제)보다 의로운 사람이라면 당신은 부모형제를 버려야 합니다. 보다 바르고 의로운 것이 의롭지 않은 것 안에 갇혀 살 수는 없습니다. 이것은 분명

당신에게는 짐이 되는 것입니다. 그 짐을 자신의 재산으로 만들고 안 만들고는 당신의 몫입니다.

세상이 낳은 돈과 이름으로 고개가 무엇인지도 모르고 살아가는 사람들도 많습니다. 말라비틀어진 아이의 영혼을 가지고 살아가는 자신의 모습을 보지 못하는 것과 그러한 이방인들을 부러워하고 그들처럼 되기 위해서 배부르지 못한 것에 은과 금을 달아주는 불쌍한 이스라엘 사람들도 많습니다.

진짜 고난과 역경을 겪어낸 사람들은 입이 무겁습니다. 짐 없이 살아가는 사람들이 고난을 말하고 인생을 말합니다. 아마도 당신이 진짜 이스라엘 하느님의 길을 가는 사람이라면, 언젠가는 당신의 귀에 그들의 덜그럭거리는 소리가 더 이상 들려오지 않을 것입니다.

고개는 어떤 사람에게는 교훈과 열매를 주고, 또 그 사람이 교만해지는 것을 막기 위해서 세상에서의 성취감을 막아주기도 합니다. 성취감을 맛보지 못한 인생이 많은 시간이 지난 뒤에 그것을 이해합니다.

7 계명의 의미

늑대가 호랑이 앞을 지나가지 못합니다. 그러나 만인에게 해당하는 공통의 분모(계명, 법)가 있다면 이야기는 달라집니다. 그 공통의 분모에 의해 늑대가 호랑이 앞을 지나갈 수 있게 됩니다. 이것이 계명이 주는 모든 것이요, 그 이상의 어떤 의미는 없습니다.

계명에 살을 붙이고 이러쿵저러쿵 떠드는 것은 그들의 것입니다. 계명에 살을 붙여 삶의 수단으로 삼든 삶의 도구로 삼든, 하느님의 길을 가는 사람들과는 무관한 다른 세상 사람들의 것입니다.

과거 이 사회에는 유가사상이라고 하는 공통의 분모가 있었습니다. 그것이 힘과 돈을 원하는 사람들에 의해서 삶의 수단으로 변질되어 유학으로, 더 나아가 유교로 발전하여 칼보다 무서운 권력의 시녀가 되어 입 한 번 놀리는 것이 호랑이 앞을 지나는 것보다 더 힘들고 무서운 시대가 있었습니다. 그러나 그것이 하느님의 길을 가는 자와 무슨 상관이 있겠습니까? 그것은 그들의 것이요, 하느님의 길을 가는 자와는 상관없는 다른 세상 사람들의 것입니다.

처음부터 땅의 권력자들이 유가사상을 정치이념으로 채택한 것은 그들의 입맛에 맞는 것이기 때문이라. 그렇더라도 그것이 사회에 질서를 낳은 것은 틀림이 없습니다. 늑대가 호랑이 앞을 지나갈 수 있게 된 것입니다.

그러한 계명은 요단 전까지만 유효합니다. 요단을 건너면 계명은 사라집니다. 짐승에게는 계명이 통하지 않습니다.

하느님에게는 계명으로 인하여 요단까지 올 수 있다면, 그것으로 충분한 것입니다. "잘 가라 계명아" 믿음과 소망과 사랑 중에 그중에 제일은 믿음이라. 짐승에게는 사랑도 계명도 통하지 않습니다.

세상에서 인생을 가장 빨리 시작한 사람은 노아입니다. 한국 속담에 인생은 육십부터라는 말이 있습니다. 그 노아도 육십이 넘어서 인생을 시작했습니다.

8 십일조의 의미

일요일에 교회에 다니시는 분들은 누구든지 십일조를 헌금하고 계실 것입니다. 이것은 '터'에 대한 일종의 자릿세 같은 개념으로 그 터에 상주하는 무리들과 '같이 먹는다'는 의미가 있습니다. 세상에 부는 바람은 터에 대한 자릿세를 기억합니다.

하느님은 사탄의 중심에 터를 잡아서 교회를 세우셨습니다. 아브라함이 그 믿음으로 하느님이 인도하는 길에 섰고, 그 동방의 중심에서 시작하여 두 번째 고개에서 10뿔을 사로잡고, 열 번째 뿔을 멜기세덱에게 십일조로 드린 것은 나머지 아홉 뿔을 없애고 정결하게 만드는 요인이 되기 때문입니다.

멜기세덱(평화의 왕)의 터에 대한 자릿세이기 때문에 '자신이 낳은 업적으로 평화를 샀다'라고 정의할 수 있습니다.

9 그리스도가 주는 의미

그리스도라 함은 기름(=10뿔) 부음을 받은 자로, 이들은 어느 순간 불과 성령으로 세례를 받습니다. 일생을 처소 없이 살아가는 수컷들이라 아브라함의 믿음이 없으면 생존이 불가합니다.

처소가 없어서 세상 어디에도 속하지 못하는 사람들이, 영원히 수컷으로 남기 위해서는 아브라함의 믿음이 있어야 하며, 아브라함의 인내와 의로운 행실은 결국, 사라(10뿔의 어머니)를 죽음의 네 바람이 부는 곳 기럇아르바에서 순종(?)시킵니다. 사라는 12*7세에 죽음(완성)을 맞이합니다.

이삭이 낳은 에서와 야곱은, 오병이어를 두 개의 인격으로 묶어 놓은 개념입니다.
· 에서- 빵 다섯 (죄 다섯)
· 야곱- 물고기 두 마리 (朝-먼저 먹는 물고기, 桓-나중 먹는 물고기)

야곱의 물고기 둘 중, 먼저 먹는 물고기와 결혼한 것이 레아 여섯 뿔과 라헬의 종 빌하 두 뿔과 레아의 종 실바 두 뿔의 10뿔(10인)입니다. 뿔 없는 라헬이 낳은 11번째 수컷 요셉은 기름(10뿔) 부음을 받은 사람입니다.

<u>이사야 53장</u>의 내용은 처소 없이 **수컷 그리스도**로 살아가는 분들의 자화상으로 기름(10뿔) 부음을 받은 사람이요, 일생을 아브라함의 믿음으로 살아가는 사람들입니다.
(이사야 53장) 우리의 전한 것을 누가 믿었느뇨. 여호와의 팔이 뉘게 나타났느뇨. 그는 주 앞에서 자라나기를 연한 순 같고 마른 땅에서 나온 줄기 같아서 고운 모양도 없고 풍채도 없은즉 우리의 보기에 흠모할만한 아름다운 것이 없도다. 그는 멸시를 받아서 사람에게

싫어 버린 바 되었으며 간고를 많이 겪었으며 질고를 아는 자라. 마치 사람들에게 얼굴을 가리우고 보지 않음을 받는 자 같아서 멸시를 당하였고 우리도 그를 귀히 여기지 아니하였도다. 그는 실로 우리의 질고를 지고 우리의 슬픔을 당하였거늘 우리는 생각하기를 그는 징벌을 받아서 하느님에게 맞으며 고난을 당한다 하였노라. 그가 찔림은 우리의 허물을 인함이요.

----- 중략 -----

여호와께서 그로 상함을 받게 하시기를 원하사 질고를 당케 하셨은즉 그 영혼을 속건제물로 드리기에 이르면 그가 그 씨를 보게 되며 그 날은 길 것이요 또 그의 손으로 여호와의 뜻을 성취하리로다.

가라사대 그가 자기 영혼의 수고한 것을 보고 만족히 여길 것이라 나의 의로운 종이 자기 지식으로 많은 사람을 의롭게 하며 또 그들의 죄악을 친히 담당하리라. 이러므로 내가 그로 존귀한 자와 함께 분깃을 얻게 하며 강한 자와 함께 탈취한 것을 나누게 하리니 이는 그가 자기 영혼을 버려 사망에 이르게 하며 범죄자 중 하나로 헤아림을 입었음이라. 그러나 실상은 그가 많은 사람의 죄를 지며 범죄자를 위하여 기도하였느니라. 하시니라.

10 하느님이 선택한 백성들

오병이어- 예수님의 오병이어의 기적에서 물고기 두 마리는 서로 반대의 길을 가는 사람으로, 한 마리는 짐 없이 가는 인생이요, 다른 한 마리는 짐을 지고 허덕이는 인생의 소유자입니다.

물고기 두 마리, 즉 하나는 질려와 형극을 낳는 사탄의 뿔을 선택하는 사람들이고 다른 하나는 생명의 별을 선택하는 사람들입니다.

문제가 되는 것은 생명을 선택하는 사람들이 셋(정의+평화+말씀)을 모두 선택할 수 없다는 것입니다. 생명이 되는 정의와 말씀을 선택해도 평화는 따라오지 않습니다. 평화는 하느님 말씀보다는 세상의 돈을 선택하고, 하느님 정의보다는 조상이 남긴 가치관을 따라갑니다.

결국, 정의와 말씀을 지키는 사람들은 평화의 여섯 별을 땅으로 떨어뜨려 짐을 당할 수밖에 없습니다. 이들은 하느님이 선택한 백성들입니다.

칠병삼어- 그 예시로, 예수님이 갈릴리호숫가에서 칠병삼어로 4,000명을 먹이신 기적을 일으켰는데, 그 물고기 셋 중 하나에 해당하는 사람이 땅으로 떨어지는 여섯 별을 먹습니다. 이들은 정의와 말씀을 지키기 위해서, 평화가 땅으로 떨어뜨려 짐을 당하는 사람들입니다.

참고 ☞ (스가랴 13장 7-9절) "만군의 여호와가 말하노라 칼아 깨어서 내 목자, 내 짝 된 자를 치라 목자를 치면 양이 흩어지려니와 **작은 자들** 위에는 내가 내 손을 드리우리라. 여호와가 말하노라 이 온 땅에서 삼분지 이는 멸절하고 삼분지 일은 거기 남으리니. 내가 그 삼분지 일을 불 가운데 던져 은같이 연단 하며 금같이 시험할 것이라. 그들이 내 이름을 부르리니 내가 들을 것이며 나는 말하기를 이는 내 백성이라 할 것이요 그들은 말하기를 여호와는 내 하느님이

시라 하리라."

 ※ 예수님의 죽음으로 지성소의 휘장이 둘로 갈렸다. 이것은 하느님이 이루고자 했던 핵심이 되는 사항으로 <u>붙어 있던 나라(선+악=물고기 두 마리)</u>가 두 개의 나라, 즉 선은 선으로 악은 악으로 분리되었습니다.

 그로 인하여 짐 진 자들은 달라붙어 있던 짐(韓)이 떨어져 나가니 쉴 수 있는 곳이 생기고 평화의 나라로 들어갑니다. 조상이 낳은 감옥 안에서 그 비 자유스러움을 인내하며 수동적인 인생을 살았던 많은 사람들이, 자신도 인지하지 못하는 사이에 해방을 맞이합니다. 그 입으로 세상의 아버지에서 하느님 아버지로 바뀝니다. 하느님의 길을 가는 사람들이 인생의 황혼기에 접어들어서 "성서는 인생이다"라고 말합니다.

2. 요한 계시록 강해

요한 계시록의 열쇠는 봉인된 일곱 예언서에 있습니다. 봉인된 일곱은, 동방(사탄의 중심이요, 10뿔의 안방)을 정복한 한 분에 의해서 어떤 목적을 가지고 일곱으로 나누어 봉인해 놓은 예언서입니다.

이러한 예언서를 기록으로 남길 수 있었던 것은, 환웅의 환국에서 시작하여 이스라엘의 예수님을 끝으로 하느님의 뜻이 달성되어, 섭리에 의해 죽음은 죽음으로 생명은 생명으로, 서로 제 길로 들어섰음을 의미합니다. 즉, 구원과 심판을 위한 모든 것이 준비되어 있음을 의미합니다.

① 동방의 일곱 교회

모든 일곱 교회에는 사탄의 삼박자(세 뿔)가 있고 일곱 뿔은 붙어 있으니 일곱 교회에는 중심이 되는 뿔과 함께 10뿔이 모두 있습니다.

1 에베소 교회 ⇨
2 서머나 교회 ⇨
3 버가모 교회 ⇨ 요단 ⇨ 7 라오디게아 교회
4 두아디라 교회 ⇨
5 사데 교회 ⇨
6 빌라델피아 교회 ⇨

27

· 요단 전의 여섯 교회

레아의 여섯 뿔(①에베소 ②서머나 ③버가모 ④두아디라 ⑤사데 ⑥빌라델비아 교회)이 있는 곳으로 인생의 첫 번째 고개가 되는 곳입니다. 모세가 애굽을 탈출해서 요단에 이르기까지 광야에서의 여정을 생각하면, 결코 가볍게 볼 수 없는 고개입니다. 모든 교회에 사탄의 삼박자가 숨 쉬고 있는 곳입니다. 특히 네 번째 두아디라 교회에 있는 사람들은 이세벨(유다의 음부)의 만행에 무감각합니다.

· 요단 후의 일곱 번째 교회

일곱 번째 가나안 여자의 뿔(⑦라오디게아 교회)이 있는 곳으로 인생의 두 번째 고개가 되는 곳입니다. 이곳을 하느님과 함께 통과하는 인생은 그야말로 대박입니다. 여전히 인내의 문제가 있고 믿음이 필요하지만, 당신이 짊어진 모든 짐이 사라지는 곳입니다. 이후 조금 뒤에, 더 이상 짐(죄)이 당신을 따라가지 못합니다. 축복의 가나안 땅입니다.

요단 건너 라오디게아 교회는 예수님이 십자가에 못 박히신 곳입니다. 사탄의 삼박자와 죽음과 지옥의 뿔이 있는 곳으로 계명도 이해도 필요 없습니다. 불가에서는 이곳을 아수라 지옥으로 보는 것 같습니다. 예수님은 이곳에서 땅으로 떨어뜨린 요단 전의 여섯 별을 다시 찾으셨습니다.

이곳, 두 번째 고개에서 레아는 저마다 라마에 오르며 사방의 여섯 날개로 거듭나는 인생을 살아갑니다. 라헬은 예수님 오신 곳 베들레헴에서 오른손의 아들 베냐민을 낳으며 자기 몫을 다합니다.

그로 인하여 여섯 별을 다시 찾음과 동시에 그 결과로, 흰옷 입은 일곱 번째 천사에게서 일곱 번째 별을 얻습니다. 북으로 가는 일곱 별(북두칠성)입니다.

※ 정화된 고개 둘의 의미는 뿔 없는 라헬이 이전에 낳은 수컷 요셉(정의+말씀)과 이후에 에브랏, 곧 예수님 오신 곳 베들레헴의 길에 낳은 오른손의 아들 베냐민(평화)으로 정의할 수 있습니다.

② 봉인된 일곱 인

(1) 첫 번째 인 – 사탄의 삼박자, 反정의
(2) 두 번째 인 – 사탄의 삼박자, 反평화
(3) 세 번째 인 – 사탄의 삼박자, 反말씀
(4) 네 번째 인 – 가나안 소돔의 뿔 (죽음과 지옥의 뿔)
(5) 다섯 번째 인 – 육체에 적을 두는 애굽의 뿔, 사마리아로 옮겨지며 연옥을 낳습니다.

애굽의 뿔은 사탄의 삼박자가 사라질 때 튀어나와 연옥을 낳습니다. 그러나 이 악한 연옥도 일곱 뿔이 불타 없어질 때 사라집니다.

참고 ☞ (다니엘 7장 20절) 그것의 머리에는 열 뿔이 있고 그 외에 또 다른 뿔(작은 뿔)이 나오매 세 뿔(사탄의 삼박자)이 그 앞에 빠졌으며 그 뿔에는 눈도 있고 큰 말하는 입도 있고 그 모양이 동류보다 강하여 보인 것이라.

-정리-
· (1)(2)(3)(4) = 죽음의 네 바람, 네 고을, 四海=死海
· (1)(2)(3)(4)(5) = 오병이어의 빵 다섯 = 죽음의 다섯 뿔

(6) 여섯 번째 인 (심판 받는 인생들)

예수님의 오병이어의 기적에서 물고기 두 마리 중 한 마리에 해당하는 사람들로서, 먼저 먹는 인생을 살아온 사람들입니다. 처음부터 없어야 할 눈이 있는 사람들입니다. 이들은 뿔을 숭배하며 세상에 질려와 형극을 낳는 무리입니다.

생명보다 사탄의 삼박자가 먼저 옵니다. 생명이 사탄 안에 갇혀 있기 때문입니다. 누구든지 생명보다는 사탄이 먼저 오기 때문에 인내가 필요합니다. 모든 깨달음의 첫 단추는 인내입니다. 인내가 선행되지 않으면 열매 맺지 못합니다. 깨달음은 한 순간이 아니고 연속되는 개념입니다.

(7) 일곱 번째 인 (눈 없는 일곱 천사의 일곱 뿔- 나팔)

참고 ☞ (창세기 3장 24절) 이와 같이 하느님께서는 그 사람을 쫓아내신 뒤에 에덴 동산 동쪽에 천사(일곱 천사=빵 일곱)들을 세우시고 사방을 돌며 칼날같이 타오르는 불꽃을 두시고, 생명 나무를 지키게 하셨습니다.

① 첫 번째 천사의 나팔
② 두 번째 천사의 나팔
③ 세 번째 천사의 나팔
④ 네 번째 천사의 나팔
⑤ 다섯 번째 천사의 나팔 – 죽음의 힘은 소리 없이...
　　　　　　　　　　　　　　　(첫 번째 재난)
⑥ 여섯 번째 천사의 나팔 – **두 증인**의 두루마리 내용
　　　　　　　　　　　　　　　(두 번째 재난)

※ 두 증인= 여호수아(제사장) + 스룹바벨(왕)

두 증인= 새 하늘과 새 땅입니다.
　하느님의 사역 안에서 새 하늘(제사장)과 새 땅(왕)으로 거듭나는 사람들입니다. 엘리야(요셉)로 오신 분을 대신해서 구원과 심판의 사역에 들어선 분들입니다. 기름 부음을 받는 온 누리의 두 감람나무요, 메시아를 대신하는 천부印(정의印+말씀印)을 가지고 있습니다.

메시아(그리스도)	=	제사장	+	왕
⋮		⋮		⋮
요셉		여호수아		갈렙
요셉(엘리야)		여호수아(엘리사)		하사엘
요셉		여호수아		스룹바벨

참고 ☞ (스가랴 4장 10-14절) "작은 일의 날이라고 멸시하는 자가 누구냐 이 일곱은 온 세상에 두루 행하는 여호와의 일곱 눈이라 다림줄이 스룹바벨의 손에 있음을 보고 기뻐하리라. 내가 그에게 물어 가로되 등대 좌우의 두 감람나무는 무슨 뜻이나이까 하고 다시 그에게 물어 가로되 금 기름을 흘려내는 두 금관 옆에 있는 이 감람나무 두 가지는 무슨 뜻이니이까? 그가 내게 대답하여 가로되 네가 이것이 무엇인지 알지 못하느냐 대답하되 내 주여 알지 못하나이다. 가로되 이는 기름 발리운 자 둘(여호수아+스룹바벨)이니 온 세상의 주(메시아) 앞에 모셔 섰는 자니라 하더라."

참고 ☞ (스가랴 6장 11-13절) "바벨론으로부터 돌아온 자로 더불어, 은과 금을 취하여 면류관을 만들어 여호사닥의 아들 대제사장 여호수아의 머리에 씌우고 고하여 이르기를 만군의 여호와께서 말씀하시되 보라 순(유다 총독 스룹바벨)이라 이름하는 사람이 자기 곳[메시아=제사장+자기 곳]에서 돋아나서 여호와의 전을 건축하리라. 그(스룹바벨)가 **여호와의 전**을 건축하고 영광도 얻고 그 위에 앉아서 다스릴 것이요 또 제사장(여호수아)이 자기 위에 있으리니

이 두 사이에 평화의 의논이 있으리라."

※ 처음 하느님이 세운 이스라엘 동방 국가 환국에서는 환웅(메시아)을 대신하는 두 증인, 단군(제사장의 호칭)과 왕검(왕의 호칭)이 있습니다. 단군-왕검은 두 사람인데 일체의 의미가 있습니다.

⑦ (요단건너) 일곱 번째 천사의 나팔 - 가나안 여자
(세 번째 재난)

계명이 통하지 않는 짐승(꼬리)의 사역입니다. 누구든지 요단을 건너면, 하느님과 함께하는 두 번째 고개의 의미가 있는 곳입니다.

※ 요셉은 에브라임의 중심에서 110세에 죽어 그 완성(정의+말씀)을 보았으나, 나머지 10(평화)을 책임지신 분이 성부와 일체하는 적자 출신의 독생자 예수님이십니다. 바로 이 일곱 번째 교회에서 죄 없는 인생으로 3년간의 행보와 십자가로 3의 하늘에 여섯 별을 낳으시고 죽음의 바람과 권세를 손에 넣으셨습니다. 죽음의 바람은 3의 하늘에 오지 못합니다.
에브라임(14번째 지파)의 중심에는 요셉의 뼈가 묻히고, 눈의 아들 여호수아와 갈렙이 뒤를 이어 에브라임의 중심에 묻힙니다.
요셉 뒤에 오신 예수님으로 말미암아 이후의 요셉(계시록-일곱 눈의 어린양)은 메시아의 자리에 앉고, 그를 대신하는 두 증인(제사장+왕)이 새 하늘과 새 땅으로 거듭날 때 오른손으로 여섯 별이 귀환

합니다.

또한 그는 하느님과 함께 두 번째 고개를 넘으면서 이미 일곱 번째 천사를 위한 모든 배려를 마친 상태라, 그 일곱 번째 천사는 이후에 흰옷을 입고 그 오른손에 일곱 번째 별로 귀환합니다. 북두의 일곱 별이라.

※ 하느님의 계명을 지키며 사탄의 모든 시험을 참아낸 욥의 경우, 종국에는 여자(새 포도주)로부터 거듭난 일곱 아들(일곱 눈=지혜)을 얻고, 세상에서 가장 아름다운 세 딸(생명의 세 별)을 얻습니다.

요셉이 일곱 고개를 넘으면서 얻은 눈이 지혜, 즉 하느님의 일곱 눈입니다. 세상에서는 이것을 3의 눈이라고 하는 것 같습니다.

③ 고개 둘의 완성 – 남아있는 길

하느님의 서자 환웅에서 시작하여, 적자인 예수님이 오시기까지 아주 긴 시간을 통해서 하느님은 세상에 완벽한 고개 둘을 심어 놓으셨습니다. 그것이 악이든 선이든 인간이 행하는 모든 자유에 상처 하나 남기지 않고 모든 인류를 고개 둘 안에 묶어 놓으셨습니다. 이러한 고개 둘의 완성은 구원과 심판의 완성이요, 더 이상 이스라엘 민족이 필요 없음을 의미합니다. 물론 그 끝에는 예수님이 계십니다.

그런데 고개 둘의 완성이 구원과 심판의 모든 것을 역사했다고 해도, 아직은 세상 사람들이 하나의 언어(뿔이 하나)를 먹는 것은 여전히 문제가 됩니다. 온 세상 사람들이 왜 세상에 동방이 존재하고 또 존재해야 하는지, 동방의 바른 개념을 이해하기까지 여전히 가야 할 길은 남아 있습니다.

예를 들어서 하나의 마음(?)을 사용하고 고집하는 것이 과연 옳은 것일까요?

그렇지 않습니다.

산에 늑대만 있다면 어찌 되겠는가...

산에 양만 있다면, 어찌 되겠는가...

세상에는 서로 다른 마음을 가진 사람들이 만나서 부딪히고 살아갑니다. 마음이 다르면 어쩐지 낯설다. 자주 보는 사이이건만, 가까이 다가 가지지 않습니다. 그러나 마음이 통하는 사람을 만나면 자주 만나는 사이가 아니어도 쉽게 가까이하게 됩니다.

인간이 죄 안에서 살아갈 수밖에 없는 것이 지금도 이후에도 현재진행형이라면, 어떤 사회가 바로 된 사회일까요?

3. 음양(陰陽)이론의 바른 정의와 이해

사람들이 음양 이론을 바르게 정의하지 못하는 이유는 먹는 것(생명=양)과 못 먹는 것(죽음=음)에 대한 확실한 구분이 없어서이고, 모든 현상은 독립되어 있지 않습니다.

한 처음, 생명(정의+평화+말씀)만 있었습니다. 이 세 개의 위격은 서로 떨어질 수 없는 관계에 있었지만, 불행하게도 평화는 정의와 말씀을 따라가지 않고 자신이 낳은 잣대와 교만으로 정의와 말씀을 지배합니다. 이것이 죽음(음)입니다.

그리하여 원래의 정의와 말씀이 사라지고 그 후손들은 생명과는 무관한 것에 시간을 투자하며 인생을 살아갑니다. 결국, 죽음(음)이 들어오면서 생명(양)이 죽음 안에 갇혀버렸습니다. 생명의 세 별(정의+평화+말씀)이 사탄의 삼박자(반정의+반평화+반말씀)안에 갇혀버렸습니다. 이것을 정의하면 다음과 같은 공식을 만듭니다.

죄 · 죄(감옥) = 죽음 · 죽음(생명) = 음 · 음(양)

여기서 양은 사실상 음이 먼저 먹는 관계로 인하여 음을 따라갈 수밖에 없기 때문에 음으로 봐야 합니다. 이를테면 선한 사람이 생명 없는 음(세상)을 따라갈 수밖에 없으니 결과론적으로 음이 되는 것입니다. 그러나 실체는 양입니다. 다만, 음 안에 갇혀있는 양입니다.

누구도 이러한 구조를 빠져나가지 못합니다. 이것은 스스로의 문제가 아니기 때문에 사람의 의지 밖에 있다고 봐야 합니다. 믿음의 문제입니다.

조금의 믿음(정의)이라도 있는 사람은 적어도 자신이 보고 느끼고 말하는 것에 대해서 어떤 책임이 따르는지 주의 깊게 생각합니다. 세상 사람들 중에 책임 문제에서 자유로운 사람은 없습니다.

① 불교사관

초기 불교에서는 현상계를 색(다섯 가지 현상)과 공(열반)으로 나누어 색을 떠나 공으로 가자는 이론이 있었고, 뒤이어 나온 후기 불교에서는 색과 공이 같은 곳에 있으니 떠나는 것이 아니라고 합니다. 아마도, 이들은 색과 공을 구분하고 '이것이 스스로의 문제인가?'에 대해서 깊은 고민이 있었던 것 같습니다.

그러나 불가에서도 공이 되기 위해 업적의 중요성을 말하지만, 업적의 결과를 얻기 위한, 예수님이 말씀하시는 '좁은 문'에 대한 생각은 다소 회피하는 경향이 있다. 즉, 믿음으로 동방의 극점에 도달하기 위한 짐 지는 자에 대한 고찰은 다소 회피하는 경향이 있다. 그들도 자신이 가지 못하는 길을 당위화하기는 다소 힘들 것이라...

또한, 그들 중에도 어떤 완성을 본 사람이 있다면 그가 이론을 남기지는 않았을 것입니다. 소용없고 필요 없음도 알았겠지만, 이론이 반드시 길을 낳는 것이 아니고, 굴레를 만들 필요도 없기 때문입니다.

「여기서 글쓴이의 한 말씀- 나는 불교의 배경이나 그 역사에 대해서 아는 것이 별로 없습니다. 관심도 없었고, 그저 동양인의 철학 서적이라고 생각하고 있었습니다. 그러던 어느 날, 우연히 서점에서 석가모니에 관한 글을 보게 되었는데, 그 글이 "석가모니는 나이 칠십이 되어서도 짐승에게 쫓기는 몸으로 살았다."라는 글입니다. 맞습니다. 그 이후로 불교의 유래와 그 사상이 무엇인지 알기 위해서 이런저런 책을 봤습니다. 그래서 얻은 결론은 불가에서 말하는 색과 공은 동방의 의미를 모르고는 설명이 안 되는 것입니다. 완전한 것은 아니지만 사상의 전파가 없다면 나오기 힘든 이론이라는 생각이 듭니다. 육을 금하거나 살아있는 것에 대한 애착은 그 당시의 '고개'가 낳은 신념 혹은 추구하는 이념이라는 생각이 듭니다.」

② 사건

이스라엘 역사에 엄청난 대사건이 일어났다. 유다의 며느리 다말이 사고를 친 것이다.

참고 ☞ (창세기 38장 27-30절) 다말이 임산하여 보니 쌍태라. 해산할 때에 손이 나오는지라 산파가 가로되 이는 먼저 나온 자라 하고 홍사를 가져 그 손에 매었더니, 그 손을 도로 들이며 그 형제가 나오는지라 산파가 가로되 <u>네가 어찌하여 터치고 나오느냐 한 고로 그 이름을 베레스라 불렀고</u>, 그 형제 곧 손에 홍사 있는 자가 뒤에 나오니 그 이름을 세라라 불렀더라.

장자인 세라보다 둘째인 베레스가 터치고 먼저 나왔다는 것은 '음·음(양)'이 '음·양(음)'이 되는 것으로, 예수님이 아브라함, 이삭, 야곱, 유다, 베레스로 이어지는 계보를 타고 오실 수 있는 길이 마련된 것입니다. 즉, 양이 음보다 먼저 먹는 존재가 된 것입니다.

예를 들어서, 이것의 의미는 철장 안에 사자가 갇혀 있었는데 그것을 알고 있는 개가 밖에서 짖어대며 여러 가지 하지 못 할 짓을 합니다. 그러던 어느 날 사자가 철장 밖으로 나와 버린 것입니다. 또, 예수님이 자신을 생나무로 표현한 것도 그와 같은 이치에서입니다. 예수님 말씀이 십자가에 달리시며 하신 말씀이 "생나무[음·양(음)]가 이 정도니 마른나무[음·음(양)]야 오죽하겠느냐"입니다.

또한, 14대가 끝나는 시점에서 북이스라엘과 유다로 나누어지는 것이 우연이 아닙니다.

③ 태극 이론의 정수

동방 국가에서의 태극은 남다른 의미가 있고, 동방을 태극의 형상으로 묶어 생각할 수 있다는 것은 처음부터 보이지 않는 조화에 의한 생성이라고 봐야 합니다.

이것은 마치 성서는 인간이 만들고 작성했지만 「성서가 진리라면? 진리와 무관한 인간이 주관자라고 말할 수 있겠는가?」의 문제인 것입니다. 당연히 성서는 보이지 않는 섭리에 의해 세상에 보급된 것입니다. 태극의 경우도 마찬가지입니다. 색깔과 모양과 선이 한 치의 오차도 없이 동방의 모든 것을 표현하고 있습니다.

또한, 태극은 하늘의 변화에 따라서 변화하는 동방의 모습을 보여주고 있습니다. 태극의 물결에는 여자가 있으며, 묘연(妙衍)하다.

음 · 음(양) = 태극 = 여자

적색–	음(양)	적	
청색–	음	청	X(朝) ⚫ Y(桓)

· X에서 태극의 중심으로 향하는 시점 – 여섯 별이 떨어지는 시점으로 사탄의 삼박자가 물을 만난 물고기처럼 돌아다니는 시기입니다. 애굽에서 요셉이 예언한 일곱 해 풍년입니다.

· 태극의 중심에서 Y로 향하는 시점 – 여섯 별을 찾아가는 시점으로 144,000개의 방주(성전)가 준비되는 시기입니다. 심판과 구원이 시작되는 출발점이 있으며 정의인과 말씀인을 잃지 않은 사람들은 땅으로 떨어뜨린 여섯 별(평화인)을 다시 찾아갑니다. 다시 찾아가는 여섯 별은 천국이 침노당하는 현상이요, 애굽에서 요셉이 예언한 일곱 해 흉년입니다.

· 창세기 9장에 보면, 성서의 주제가 다시 찾는 피(평화)에 있음을 알 수 있습니다. 인간의 몸은 두 개입니다. 하나는 버리고, 하나는 다시 찾는 섭리에 의해 성서의 역사가 진행되고 있다. 버려지는 육체를 위해 애쓰는 사람들의 틈바구니에서, 아직은 육체가 있어야 하

기 때문에 육체를 버리지 못하는 사람들도 많습니다.

· X에서 Y까지는 1갑자(=60년)의 시간입니다.

· 태극의 중심에서 라멕(朝=열 뿔+열 뿔)에 의한 노아의 탄생을 봅니다.

· 예수님 말씀이 "방주가 끝날 때까지 깨닫는 자가 없더라" 하십니다.

4. 환국과 단군조선 정리

① 환국의 정의

환국은 하느님이 동방에 세운 최초의 이스라엘 국가입니다.

환(桓)에서 日위의 윗샘(一)은 정의인(제사장)이고 日아래의 아랫샘(一)은 말씀인(왕)입니다. 하나의 태양에서 갈라져 나온 두 개의 샘(제사장-왕)을 의미합니다. 병자 없는 나무 환(桓)입니다.

하느님의 시작은 사람이 생각하는 시작점과는 다릅니다. 가장 뒤에서, 가장 약한 것에서, 가장 느린 것에서, 가장 먼 곳에서, 가장 별 볼 일 없는 것에서 시작합니다.

사람을 구원하기 위해서는 가장 죄(뿔)가 깊은 곳으로 가야 합니다. 그곳이 동방입니다. 그 동방의 극점에 도달했을 때가 죄의 중심이 되는 곳이요 구원의 시작점입니다.

그러면 그 동방은 어디에 있는가 ?

어디에도 없다. 하느님이 만든 곳이기 때문이다.

하느님이 최초로 만든 곳이 바로 동방의 이스라엘 12환국입니다.

동방의 이스라엘을 생산하기 위해서는 뿌리를 같이하는(혈연관계에 있는) 열 명의 여자(죄)와 또 다른 몇 명의 여자가 필요하다. 그래야 이스라엘 12지파와 또 다른 2개의 지파가 생산되기 때문입니다.

43

근친혼은 아니다. 하느님이 정해준 사람을 만나 결혼하고 종족(지파)이 생겨나지만, 뿔은 본질적으로 사라지지 않는다.

이미 죄(뿔)와 더불어 살아가는 세상에서 뿔을 정복하기 위해 뿔의 중심을 만들고, 그 중심에 아브라함의 믿음이 있는 수컷 그리스도를 보내 그 동방(10뿔)을 정복해 가는 과정에서 선과 악(물고기 두 마리)을 가려냅니다.

동방은 반드시 일곱 교회(죄의 처소-뿔)를 낳고, 민족으로는 12지파+2지파=14지파가 있어야 합니다. 14지파 중 2개 지파(가나안)는 사라집니다.

② 단군조선

★ 신화해석 ★ (요한계시록 요약본)

옛날 (1)환인이 서자부의 아들 환웅(桓雄)에게 (2)**천부인(天符印) 세 개**를 주어 인간 세상을 다스리게 하였다.

환웅은 (3)풍백, 우사, 운사를 비롯한 3,000명의 수하를 이끌고 태백산 정상의 신단수 아래로 내려와 그곳을 신시라 일컬으며 다스렸다. - 중략 -

(4)곰과 호랑이에게 (5)쑥 한 타래와 마늘 20쪽을 주며 그것을 먹고, (6)100일간 햇빛을 보지 않으면 사람이 될 수 있다고 하였다. 곰은 시키는 대로 하여 (7)삼칠일 만에 (8)여자로 변하였으나 호랑이

는 참지 못하고 뛰쳐나가 사람이 되지 못하였다. – 중략 –

그리고 (9)환웅은 그 여자와 결혼해서 아들을 낳았는데, 그가 단군왕검이다.

–일연– (삼국유사)

(1) 환인이 서자부의 아들 환웅에게 –

하느님의 서자 환웅(수컷)은 여자와 구분이 되는 죄 없는 사람을 일컫습니다. 동방 국가 이스라엘 환국의 수컷으로, 최초의 그리스도이며 기름(10뿔) 부음을 받았습니다. 물론, 적자는 성부와 일체하는 예수님이십니다.

(2) 천부인 세 개 –

하느님의 도장 셋으로, 생명(정의印+평화印+말씀印)이라 정의할 수 있습니다. 이것으로 요단 전의 동방의 여섯 교회(①안파견, ②혁서, ③고시리, ④주우양, ⑤석제임, ⑥구을리 왕조)에서 하늘에 별을 18개(정의6+평화6+말씀6) 낳았습니다.

여기서 아주 중요한 것이 있습니다. 천부인 셋 중 둘(정의+말씀)은 사실상 하늘의 기둥입니다. 예수님은 환국에서의 그 정의印과 말씀印을 중심으로 평화印을 찾으신 것입니다. 첫 번째 고개에서 정의인과 말씀인을 잃지 않은 사람은 하느님과 함께 두 번째 고개를 넘으면서 평화인을 찾습니다.

또한, 나라의 갈림(평화/정의, 말씀)은 이미 역사 되어 있고 정의와 말씀은 세상에서 사라지지 않는 기둥으로 뿌리내리고 있다. 삼칠일이 되어 나라가 갈라지기 시작하면 그 사람들이 쉴 곳(안식)을 얻는다.

(3) 풍백, 운사, 우사 –
물(나라, 언어, 백성...)을 이용한 구원과 심판의 개념입니다. 태극은 물결의 개념이고, 태극의 중심에서 방주의 설계가 시작됩니다.

(4) 곰과 호랑이 –
예수님의 오병이어(빵5, 물고기2) 기적에서 물고기 두 마리(곰+호랑이)에 해당하는 개념입니다.
곰은 꾀가 없고 우직하고 인내하며, 짐 지는 자의 인생을 의미합니다. 이런 사람들은 종국에는 종려나무를 흔들면서 진짜 그리스도를 신랑으로 맞이하는 사람들입니다. 호랑이는 인내심이 없고, 꾀가 있어서 하느님의 길을 가지 않습니다. 종국에는 아카시아나무를 흔들면서 가짜 그리스도를 신랑으로 맞이합니다.

(5) 쑥 한 타래와 마늘 20쪽 –
사탄(20)이 낳은 죽음의 다섯 뿔(빵 다섯)과, 모두 동방의 10뿔을 의미하며 고행의 쓴 맛을 예고하고 있다.

(6) 100일간 햇빛을 보지 않으면 –
100은 완성의 기간을 의미하며, 햇빛은 먼저 먹는 자의 손에 있기 때문에 인내하고 성찰하는 인생을 살라는 의미입니다.

(7) 삼칠일 –
· 일칠일은 수컷 환웅이 동방의 중심에서 업적을 쌓는 기간이요.
· 이칠일은 환웅이 단군(제사장)에게 자신의 모든 재산을 물려주어 요단을 건너는 시점이요.
· 삼칠일은 환웅과 단군이 왕검(왕)에게 명하여 대읍국(이스라엘 14지파)에 왕도 수업(고행의 길-쑥과 마늘)을 보내는 시점입니다. 심판과 구원의 시작점입니다.

(8) 여자 –
새 하늘(단군)과 새 땅(왕검)에 대한 새 포도주(거듭난 자+집)의 개념입니다.

(9) 환웅은 여자와 결혼해서 아들을 낳았는데, 그가 바로 단군왕검이다 –
환웅 메시아를 신랑으로 맞이하는 새 포도주(새 예루살렘=신부)의 개념으로, 새 포도주와 결혼해서 그 제정일치 사회의 제와 정의 우두머리(단군-왕검)를 잉태했습니다. 환웅은 이미 단군왕검을 선택했기 때문에 새 포도주(신부)는 단군왕검을 낳을 수밖에 없습니다. 이스라엘이 원하는 형태의 사회가 되었습니다. 심판과 구원이 절정에 이른 시기입니다.

┌ 단군
환웅(메시아) + 신부(아사달=시온의 예루살렘)-여섯 날개
└ 왕검

   단군-왕검은 환웅 메시아를 대신하는 하느님의 제사장이요, 검소한 정치적 군주입니다. 그 당시에 제정일치의 국가사회를 지배하는 직책에 대한 두 개의 호칭(제사장-왕)입니다. 요한의 계시록으로 정리하면 두 증인이요, 두 감람나무요, 새 하늘(정의)과 새 땅(말씀)입니다. 두 사람은 일체의 의미가 있기 때문에 한 사람으로 보는 경우도 있다. 이것은 하느님은 세 분인데 한 분으로 보는 것과 같습니다. 또한, 날개는 권세의 상징이요, 여섯 라마의 것입니다.

   참고 ☞ (스가랴 4장 14절) 이는 기름 발리운 자 둘(제사장+왕)이니 온 세상의 주(메시아) 앞에 모셔 섰는 자니라 하더라.

5. 한자(漢字)가 아니라 한자(韓字)입니다

   오늘날 쓰이고 있는 한자의 대부분은 동방 국가의 비밀과 하느님의 뜻을 알지 못하면 생산할 수 없는 문자입니다. 문자의 뜻이 전이되거나 와전되거나 없어지거나 한 것도 있겠지만, 그렇지 않은 것이 더 많이 남아 있을 것입니다.

   간단히 몇 개 예시를 드리겠지만 이 글을 읽는 분들이 제가 전하는 내용을 잘 이해하면 이 외에도 많은 발견이 있으리라고 생각합니다. (창세기의 내용은 제외했습니다.)

   EX) ------

· 天 = 二 + 人 하늘 천 (새 하늘+새 땅) = 제사장+왕

· 雄 수컷 웅 – 날개에 굴복하지 않음

· 罰 벌할 벌 – 죽음의 네 바람의 언어의 칼로 심판

· 秤 저울 칭, 열다섯 근 칭 – 열다섯은 심판 때 사용, 의미는 생략.. ex – 은(銀) 열다섯

· 桓 병자 없는 환 – 새 하늘(윗샘-단군)과 새 땅(아래샘-왕검)이

주는 의미

· 蚩 어리석을 치 – 1. 세상의 관점– 어리석다
          2. 하늘의 관점– 짐 진 자

· 衍 넓다, 넘칠 연 – 태극의 물결, 물 위를 오가는 나라, 언어, 백성...

· 十 열 십 – 전부, 완전, 일체... 실제로는 **열 뿔**을 의미함, 한글의 모음 ㅣ와 ㅡ가 결합된 형태입니다. 그 당시의 그들이 그 뜻을 알고 의도적으로 만든 글자입니다. 사람과 땅을 의미합니다.

· 四 넉 사 – 죽음의 네 바람이 선한 사람을 에워싸다.

· 田 밭 전 – 죄(十)는 쉬지 못하고, 죽음의 넷 안에 갇혀서 땀 흘리는 인간을 낳습니다.

· 羊 양 양 – 다니엘 전서에 등장하는 꼬리 있는 숫양(왕)의 두 뿔입니다. 메대와 바사를 의미하지만 또한, 환웅(요셉)이 낳은 므낫세의 두 지파, 요단을 건너는 므낫세 반지파와 요단 이전의 므낫세 반지파의 두 점입니다.

· 韓 나라이름 한 – 죽음의 빵 다섯이 문지방 위에 있고, 열 뿔이

50

태양을 위아래에서 받치니 이는 하느님이 세운 동방 국가임을 스스로 인정하는 한자입니다. 한국은 유일하게 화병(죽음)이 있는 나라입니다.

———————————————

※ 하느님에 의해 세워진 나라가 문자가 없다!...???...
고대의 조선은 문자뿐만 아니라 모든 자존심을 잃었다. 우리가 알고 있는 서방의 이스라엘 역사도 그러하다. 같은 해(1948년)에 정부가 출범한 것은 우연이 아닙니다.
한자는 지명이나 인명을 표기할 시에, 그 의미를 알려야 할 필요가 있을 때는 한글 뒤에 괄호로 묶어서 표현하기에 좋습니다. 조상이 남긴(하느님이 주신) 두 개의 문자에 감사하십시오. 모국어로 문자를 두 개씩이나 가지고 있는 나라가 대한민국입니다.

나는 어려서 한자 익히는 것을 엄청나게 싫어했다. 내가 한자를 싫어한 것은 어렸을 때 한자를 사용하는 사람들의 태도와 자세에서 많은 불편함을 받았기 때문이다. 또한, 한자가 문화권에서 사라지는 추세라 가까이하기가 어려웠다. 이것이 내가 한자에 익숙하지 않은 이유...

그런데 아이러니하게도 많은 학자가 현재 사용하고 있는 한글의 절반 이상이 과거 한자에서 음을 가져왔다고 합니다.

나도 잘 몰라서 그러는데, 이게 가능한 겁니까?

물 흐르듯이 자연적으로 옮겨진 것이 아니라, 흔적도 없이 인위적으로 가져왔다는 것이......?

한글은 체계(뼈대) 있는 광역의 표음문자입니다.

한글은 다른 나라의 문화권과 의식이 통하고 사상이 통하면, 그 나라의 언어를 지배하는 구조를 가지고 있습니다. 강제적으로 통제하지 않는다면 한글이 모든 곳에 보급되는 것을 막을 수 없습니다. (미래의 한글... 존대어와 반대어가 겸양어와 일반의 보통어로 바뀌거나, 고쳐질 수 있다면 얼마나 좋을까? 당신도 생각은 해 봤을 텐데... 언어가 민주화를 가로막고 있다는 것을...)

6. 서효사(誓效詞) 강해 (요한 계시록 요약본)

· 신지비사(神誌秘詞) - 하늘에 올린 제천문 ·

조광선수지 삼신혁세림 朝光先受地 三神赫世臨

환인출상선 수덕굉차심 桓因出象先 樹德宏且深

제신의견웅 증조시개천 諸神議遣雄 承詔始開天

치우기청구 만고진무성 蚩尤起靑邱 萬古振武聲

회대개귀왕 천하막능침 淮岱皆歸王 天下莫能侵

왕검수대명 환성동구환 王儉受大命 懽聲動九桓

어수민기소 초풍덕화신 魚水民其蘇 草風德化新

원자선해원 병자선거병 怨者先解怨 病者先去病

일심존인효 사해진광명 一心存仁孝 四海盡光明

진한진국중 치도함유신 眞韓鎭國中 治道咸維新

모한보기좌 번한공기남 慕韓保其左 番韓控其南

참암위사벽 성주행신경 巉岩圍四壁 聖主幸新京

여칭추극기 극기백아강 如秤錘極器 極器白牙岡

칭간소밀랑 추자안덕향 秤幹蘇密浪 錘者安德鄕

수미균평위 뇌덕호신정 首尾均平位 賴德護神精

흥방보태평 조항칠십국 興邦保太平 朝降七十國

영보삼한의 왕업유흥륭 永保三韓義 王業有興隆

흥폐막위설 성재사천신 興廢莫爲說 誠在事天神

53

· 조광선수지 삼신혁세림 朝光先受地 三神赫世臨 ·

아침 해 먼저 받는 이 땅에 삼위일체이신 하느님께서 밝게 이 땅에
임하시도다.

· 환인출상선 수덕굉차심 桓因出象先 樹德宏且深 ·

하느님께서 보이지 않는 조화(징조)를 내셔서(보여주시어) 덕을
베풀어 주심이 크고 또한 깊도다.

· 제신의견웅 증조시개천 諸神議遣雄 承詔始開天 ·

하늘의 여러 신이 의견을 모아 어린 양(환웅-수컷)을 천거하니, 구
원할 자의 조서를 꾸며 비로소 하늘을 열었다. (환웅의 배달 12국에
서 단군-왕검의 아사달국으로의 전환을 예고함) – 개천절(양력 10
월 3일)이라.

· 치우기청구 만고진무성 蚩尤起靑邱 萬古振武聲 ·

세상에서는 어리석음의 극치요, 하늘에서는 인내심 많은 곰처럼
사는 현명한 사람들(치우)이 푸른 언덕의 나라에서 일어나, 만고에
무의 이름을 떨치었도다.

· 회대개귀왕 천하막능침 淮岱皆歸王 天下莫能侵 ·

모든 물과 산이 왕을 따르니(=모든 언어와 나라와 백성이 왕을 따르니) 천하에 그 누구도 범할 수 없도다.

· 왕검수대명 환성동구환 王儉受大命 懽聲動九桓 ·

제왕이신 왕검께서 대명(삼칠일-왕도 수업)을 받고 새로이 눈을 뜨니, 기뻐하는 소리가 구환(九桓)에 메아리쳤도다.

※ 구환(九桓)- 죽음과 지옥의 음부가 사라지고 여섯 라마와 세 천사의 고향이 된 아사달(시온의 예루살렘)- 이스라엘 집을 세운 레아(암소)와 라헬(암양)의 고향. '달'은 높은 언덕 이스라엘을 의미하며 라마 혹은, 마리아와 같은 뜻입니다.

· 어수민기소 초풍덕화신 魚水民其蘇 草風德化新 ·

(새 땅의 제왕인 단군-왕검께서 새롭게 눈을 뜨고 거듭나는 인생이라) 물고기가 물을 만난 듯 백성들이 소생함을 얻고, 풀잎에 바람 스치듯 덕의 조화는 날로 새로워졌도다.

· 원자선해원 병자선거병 怨者先解怨 病者先去病 ·

원통한 자는 먼저 원을 끄르고, 병든 자는 먼저 병을 끌러 내셨도다.

· 일심존인효 사해진광명 一心存仁孝 四海盡光明 ·

한 마음으로 인과 효를 간직하시니, 사해(동서남북- 죄의 바다)에 광명이 찾도다.

· 진한진국중 치도함유신 眞韓鎭國中 治道咸維新 ·

하느님의 제사장(단군)이 있는 진한이 나라의 중심에 뿌리내리니 다스림의 도가 날로 새로워졌도다.

· 모한보기좌 번한공기남 慕韓保其左 番韓控其南 ·

하느님의 제사장(단군)을 사모하는 왕(왕검)께서 왼쪽에서 보좌하시고 번한즉슨, 아사달(여섯 라마-여섯 날개)과 세 천사는 남쪽을 지키도다.

· 참암위사벽 성주행신경 嶃岩圍四壁 聖主幸新京 ·

깎아지른 바위산 넷(놋산-업적)으로 다섯 죄(韋)를 둘러싸고, 환웅의 업적으로 인하여 새 눈을 얻으신 왕검께서 죽음의 다섯 뿔이 있는 터(문지방-기럇아르바)를 새 수도로 정하시고 입성하시도다.

· 여칭추극기 극기백아강 如秤錘極器 極器白牙岡 ·

심판의 열다섯 근 저울대에 저울추와 저울판이 균형을 이루니, 극기(저울판)는 흰옷 입은 사람들이 먹은 양식(고난의 업적-다시 찾는 피)이요.

· 칭간소밀랑 추자안덕향 秤幹蘇密浪 錘者安德鄉 ·

심판의 열다섯 근 저울은(칭간) 환웅의 업적을 이어받은 단군-왕검의 일곱 눈이요, 아사달의 깨달음이라(소밀랑). 왕검의 손에 들린 저울추(측량 추)는 덕과 평화의 고향이로다.

참고 ☞ (천주교 성서 즈가랴 4장 10-14절) 사람들은 즈루빠벨(왕검)이 손에 든 측량 추를 보고 기뻐하리라. "이 일곱 눈은 바로 온 세상을 두루 살피시는 주님의 눈이시다."
나는 그 천사에게 물었다. "등잔대 오른쪽과 왼쪽에 있는 올리브 나무 두 그루는 무엇입니까?" 나는 다시 그에게 물었다. "두 금 대롱으로 금빛 기름을 흘려보내는 저 올리브 나뭇가지 두 개는 무엇입니까?" 그 천사가 나에게 "너는 이것들이 무엇을 뜻하는지 모르느냐?"라고 물었다. 내가 "나리, 모릅니다." 하고 대답하자, 천사가 "이것들은 온 세상의 주님 곁에 서 있는 성별된 두 사람(단군-아사달-왕검)을 뜻한다." 하고 말하였다.

· 수미균평위 뇌덕호신정 首尾均平位 賴德護神精 ·

머리와 꼬리가 균형을 이루니, 덕(하느님 덕)에 힘입어 신의 정기를 굳건히 지키도다.

(스가랴 6장 1-5절) 내가 또 눈을 들어본즉 네 병거(兵車)가 두 산 사이에서 나왔는데 그 산은 놋산이더라. 첫째 병거는 홍마들이, 둘째 병거는 흑마들이, 셋째 병거는 백마들이, 넷째 병거는 어룽지고 건장한 말들이 매었는지라. 내가 내게 말하는 천사에게 물어 가로되 내 주여 이것들이 무엇이나이까. 천사가 대답하여 가로되 이는 하늘의 네 바람인데 온 세상의 주(환웅=단군-왕검) 앞에 모셨다가 나가는 것이라 하더라.

※ 주의

머리와 꼬리는 평등하지 않고 평등해서도 안 되는 것입니다. 물과 불이 만나서 화합할 수 없듯이 같아질 수 없습니다. 꼬리는 이스라엘과 무관하고 무관해야 하지만, 세상에 존재하는 가나안 인격입니다.
믿음이 있는 가나안 여자에 의해 그 딸이 예수님으로부터 고침을 받았다고 해서(마태15-28) 가나안 여자가 라마나 마리아와 같아질 수는 없습니다.

58

이것을 구분하는 것은 하느님만이 가능합니다. 그래서 두 번째 고개를 하느님과 함께 넘어야 하는 것입니다. 세상은 능히 보지 못하고 알지 못합니다.

목자(요셉)의 지팡이(혹은 막대기) 아래로 통과하는 것의 열 번째의 것마다 여호와께 드리는 성물이라. 열 번째의 것(암양 혹은 암소의 꼬리)을 드리지 않으면 구분되지 않습니다.

다시 말하면 같아져 있는 사람과 짐승을 구분할 수 없게 되는 것입니다.

예를 들어서 아브라함이 하느님께 십일조(에녹의 죄)를 드리지 않았다면, 둘 다 거룩해져서 모든 것이 필요 없고 소용없게 됩니다.

성서에서 땅의 네 바람을 하늘의 네 바람으로 표현한 것과 신지비사에서 수미균평위로 표현한 것은 하느님의 덕에 힘입은 구분의 의미가 포함되어 있는 것입니다. 이미 구분되어 있으니 수미균평위 혹은 하늘의 네 바람으로 표현한 것입니다.

· 흥방보태평 조항칠십국 興邦保太平 朝降七十國 ·

나라를 흥성 시켜 태평을 보존하니, 세상의 모든 나라와 언어(일곱 교회*10뿔=70국)로부터 감사의 마음(향과 기도)을 조공으로 받았다.

온 세상의 144,000개의 방주(성전)가 완성되어 구원과 심판의 길에 있음을 의미합니다. 다시 찾는 여섯 별이요, 푸른 언덕의 태극의 물결입니다.

※ [일곱 왕조(교회, 처소)= 동방의 일곱 교회 * 10뿔= 70국]
① 안파견 환인 왕조 (에베소)
② 혁서 환인 왕조　 (서머나)
③ 고시리 환인 왕조 (버가모)
④ 주우양 환인 왕조 (두아디라)
⑤ 석제임 환인 왕조 (사데)
⑥ 구을리 환인 왕조 (빌라델피아)
⑦ 지위리 환인 왕조 (라오디게아)

· 영보삼한의 왕업유흥륭 永保三韓義 王業有興隆 ·

영원히 삼한(단군+아사달+왕검=새 하늘+새 포도주+새 땅)의 정
신을 보존해야만 왕업의 흥성함과 융성함이 있으리로다.

①안파견 ②혁서 ③고시리 ④주우양 ⑤석제임 ⑥구을리 왕조
(교회)의 모태에서 아사달의 여섯 날개가 나옵니다. 이들에게서 오
른손의 아들(평화인)이 메시아에게 돌아옵니다.

⋮ 단군(새 하늘)--정의印(일곱 눈)
환웅(메시아) + 아사달(새 예루살렘)--평화印(오른손의 아들)
⋰ 왕검(새 땅)--말씀印(일곱 눈과 같이 먹음)

60

· 흥폐막위설 성재사천신 興廢莫爲說 誠在事天神 ·

나라의 흥망을 말하지 말라. 임금과 백성들이 진심으로 하느님 나라를 위해 애쓰는데 달렸다.

※ 과거 고대사의 신지비사를 있는 그대로 번역했습니다. 고대의 韓國은 하느님이 역사한 최초의 동방 국가로서, 성서만이 모든 객관적 해석을 가능하게 합니다.

완벽한 구심점(예수님)이 있을 때와 없을 때는 많이 다릅니다. 예수님 이전에는 메시아를 대신하는 제사장과 왕이 드러나 국가나 민족의 지도자가 되어야지만 어떤 결과(구원과 심판)를 볼 수 있었습니다. 그러던 것이 구심점이 생겨서 더 이상 이스라엘 민족이 필요 없어진 것입니다. 완전한 축이 있으면 메시아를 대신하는 제사장과 왕(검-둘)도 드러낼 필요가 없습니다. 겉으로 드러난 옷이 보이지 않아도, 즉 민족이나 국가의 이름으로 그들을 세우지 않고도 구원과 심판이 가능합니다.

이런 관점에서 볼 때 과거, 아직은 구심점이 없는 단군조선 때에 아사달이라는 한때의 역사가 신지에 의해서 전해지는 것은 민족을 대표하는 제사장(단군)과 군장(왕검)이 당연히 드러난 존재이기 때문입니다.

7. 천부경(天符經) 강해 (성서 요약본)

천부경– 하늘 두 사람(제사장+왕)이 증거하는 글

一始無始一	일시무시일
析三極無盡本	석삼극무진본
天一一地一二人一三	천일일지일이인일삼
一積十鉅無匱化三	일적십거무궤화삼
天二三地二三人二三	천이삼지이삼인이삼
大三合六生七八九	대삼합육생칠팔구
運三四成環五七	운삼사성환오칠
一妙衍萬往萬來用變不動本	일묘연만왕만래용변부동본
本心本太陽仰明人中天地一	본심본태양앙명인중천지일
一終無終一	일종무종일

· 一始無始一 일시무시일 ·

하나의 시작이 없었는데, 시작하는 하나가 계심이라.

· 析三極無盡本 석삼극무진본 ·

그 하나가 셋(天–地–人)으로 나뉘되, 근본은 다함이 없다.

· 天一一地一二人一三 천일일지일이인일삼 ·

하늘이 하나 있어 첫 번째 뿔(모음)이 생겨나고
땅이 하나 있어 두 번째 뿔(모음)이 생겨나고
사람이 하나 있어 세 번째 뿔(모음) 생겨나고

· 一積十鉅無匱化三 일적십거무궤화삼 ·

그 하나의 업적(이사야 53장)이, **열 뿔(열 모음)** 달린 짐승을 모두
톱으로 분리해버리니, 사탄이 그 힘을 잃어 짐승의 우리가 사라지
고, 셋(天-地-人)이 생명의 조화를 이룬다.

· 天二三地二三人二三 천이삼지이삼인이삼 ·

이제, 하늘에 둘이 붙어 셋이 조화를 이루고, 땅에 둘이 붙어 셋이
조화를 이루고, 사람에 둘이 붙어 셋이 조화를 이루니 생명(정의+평
화+말씀)이 됨이라.

· 大三合六生七八九 대삼합육생칠팔구 ·

생명 되는 셋에 아사달의 여섯 날개가 붙으니, 요단 건너 일곱 번
째 죽음의 땅을 통과하고, 여덟 번째 연옥을 통과하고, 구환(九桓)
에 이른다.

· 運三四成環五七 운삼사성환오칠 ·

세 개의 생명이 사라지고, 죽음의 네 바람이 찾아오니, 죽음의 다섯 뿔(빵 다섯 개)과 눈 없는 일곱 천사의 뿔(빵 일곱 개)이 고리로 연결되어 불과 화염으로 에덴을 막아선다.

· 一妙衍萬往萬來用變不動本 일묘연만왕만래용변부동본 ·

태극(여자-뿔)의 물결 하나가 <u>만으로 가고 만으로 오나니</u>, 쓰임은 변할지라도 본질은 변하지 않는다.

참고 ☞ (신명기 32장 30-35절) 그들의 반석이 그들을 팔지 아니하였고 여호와께서 그들을 내주지 아니하셨더라면 <u>어찌 하나가 천을 쫓으며</u> **둘(새 하늘+새 땅)이 만을 도망하게 하였으리오**. 진실로 <u>그들의 반석(朝)</u>이 <u>우리의 반석(桓)</u>과 같지 아니하니 우리의 원수들이 스스로 판단하도다. 이는 그들의 포도나무는 소돔의 포도나무요 고모라의 밭의 소산이라. 그들의 포도는 독이 든 포도이니 그 송이는 쓰며 그들의 포도주는 뱀의 독이요 독사의 맹독이라 이것이 내게 쌓여 있고 내 곳간에 봉하여 있지 아니한가. 그들이 실족할 그 때에 내가 보복하리라 그들의 환난 날이 가까우니 그들에게 닥칠 그 일이 속히 오리로다.

65

· 本心本太陽仰明人中天地— 본심본태양앙명인중천지일 ·

본심을 잃지 않은 본은 태양처럼 밝고 높으니, 그러한 사람은 천지
(새 하늘+새 땅)와 하나 되는 새 포도주가 됨이라.

天(새 하늘)
메시아 + 人(새 포도주) ← 本心本
地(새 땅)

· 一終無終— 일종무종일 ·

하나의 끝남이 사라지되, 이것을 끝내는 분도 하나임이라.

66

8. 한글의 소리음과 열 뿔(모음)의 방위 값

대한민국이 하느님이 선택한 최초의 이스라엘 동방 국가라는 것은 언어를 통해서 알 수 있습니다. 하느님이 성서를 주셨듯이, 한글도 하느님이 주신 문자입니다. 처음부터 하느님에 의해서 예고되어 있는 문자입니다.

① 성서의 끝 (창세기 10장)

(창세기 10장 마지막 절) 이들은 노아 자손의 후손들이요, 그 세계와 나라대로라. 홍수 후에 이들에게서 땅의 열국 백성으로 나뉘었더라. (列國→10국. 모음의 뿔이 10개)

② 한글의 소리음(동방의 10음)

한글의 소리음은 모음에 그 원천이 있습니다. 그 모음(뿔)을 담는 그릇(단전)이 있으니 이것은 다음과 같이 분리됩니다.

가슴 위	상단전(天)-	·				
가슴	중단전(人)-	ㅣ = ㅏ ㅑ ㅓ ㅕ				
가슴 아래	하단전(地)-	― = ㅗ ㅛ ㅜ ㅠ				

③ 소리음(10모음=10뿔)의 방위 값

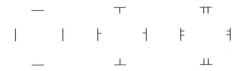

④ 14개의 한글 자음 중 14번째 (ㅎ)이 갖는 의미

이스라엘 14개 지파 중 요셉에 의한 두 개 지파가 있으니, 13번째 므낫세와 14번째 에브라임 지파입니다. 천과 만의 의미가 있으나, 14번째 에브라임은 한글 자음의 마지막 14번째 자음(ㅎ)이 갖는 의미와 일체합니다.

"ㅗ = 하늘(ㆍ)과 땅(ㅡ)"이 갖는 의미입니다.

하늘(여호수아)과 땅(갈렙)에서, 먼저 요셉의 뼈는 에브라임의 중심 세겜에 묻혀 그 아들들이 기업으로 받습니다. 그러나 요셉의 모든 재산을 이어받는 사람은 눈의 아들 여호수아와 갈렙입니다.

요셉과 여호수아는 110세(완성)에 죽어 에브라임의 중심에 묻히고, 갈렙도 그러하다. 여호수아가 85세에 민족의 지도자가 되고, 갈렙이 85세에 헤브론(기럇아르바)을 기업으로 받는다. 기럇아르바는 죽음의 빵 다섯이 있고 네 바람의 중심이 되는 곳입니다.

여호수아와 갈렙은 14번째 에브라임의 중심에 묻혀 실질적인 요셉의 후계자(제사장+왕)가 되는데, 이것이 "ㅗ"의 의미입니다. 하늘

(ㆍ)과 땅(ㅡ)이 먼저 쓰인 것입니다. 또한 "ㅇ"는 아셀 지파의 기름진 땅을 의미합니다. 이것이 14번째 자음(ㅎ)의 의미입니다.

다시 말해서 한글은 처음부터 하느님이 주신, 이미 역사 된 이스라엘 언어입니다. 한글을 먹는 것이 하느님이 세운 동방으로 들어가는 첫 단추입니다. 지금 서방의 이스라엘은 열 개의 뿔이 있는 한글을 먹어야 합니다. 드러나야 할 죄가 숨어있으면 구원과는 그만큼 멀어집니다.

케이팝과 케이드라마에는 동방에서 불어오는 바람의 힘이 작용하고 있습니다. 적청만화(赤靑滿和)이다.

⑤ 성서의 시작 (창세기 11장)

온 땅의 구음이 하나요 언어가 하나(뿔이 하나)이었더라. 이에 그들이 동방으로 옮기다가 시날 평지를 만나 거기 거하고, 서로 말하되 자, 벽돌을 만들어 견고히 굽자 하고 이에 벽돌(짐승의 눈)로 돌을 대신하며 역청(짐승의 마음)으로 진흙을 대신하고, 또 말하되 자, 성과 대를 쌓아 대 꼭대기를 하늘에 닿게 하여 우리 이름을 내고 온 지면에 흩어짐을 면하자 하였더니, 여호와께서 인생들의 쌓는 성과 대를 보시려고 강림하셨더라, 여호와께서 가라사대, 이 무리가 한 족속이요 언어도 하나이므로 이같이 시작하였으니 이후로는 그 경영하는 일을 금지할 수 없으리로다.

자, 우리가 내려가서 거기서 그들의 언어를 혼잡게 하여 그들로 서로 알아듣지 못하게 하자 하시고, 여호와께서 거기서 그들을 온 지면에 흩으신 고로 그들이 성 쌓기를 그쳤더라. 그러므로 그 이름을 바벨이라 하니 이는 여호와께서 거기서 온 땅의 언어를 혼잡게 하셨음이라 여호와께서 거기서 그들을 온 지면에 흩으셨더라.

9. 마지막

자유

To 김선룡

탄생이 들려준 첫소리가 어둠이었을 줄이야

악부의 권능인가!
짝 잃은 철새의 숨은 폭풍에 지치는데

아름다운 질투는
이스라엘의 다섯 번째 여자를 향하여 날아가고

죽음의 힘은 소리 없이 스며들어
깊숙한 곳에 고독이라는 산을 만든다

어느 날 쏟아져 내린 그리스도의 입김은
생명의 샛별이 되어
어머니의 어머니 품에 안기어 올라가고

땅에서 쏘아 올린 열두 개의 雷成은
교만이라는 별을 침몰시킨다

다시 한번 나의 탄생이 등극할 때
辰을 滅하리

그러나 고독의 옷은
내 마음 제일 깊은 곳에서 흘러내리지 않는다

슬프다!
사랑은 버렸는데 고독은 남는구나

성부의 권능인가
짝 잃은 철새의 숨은 자유를 향하여 달려가고

그대 영혼을 내가 거두어 갈 수 있다면 내 인생의 해방이라

그 허락을 하느님께 의뢰하겠나니...

From- 辰

버려진 자유

천지가 창조되고 질서가 세워지던 날, 질서는 자유를 부르고 평화의 빛을 품는다.

어느 날 깨어나지 않은 자유 안에서 교만의 별이 숨어들고 추악한 독부의 탄생을 예고한다.

죄는 피할 수 없는 죽음을 부르고 잃어버린 낙원의 어둠은 깊은 바다를 이룬다.

그의 권세가 날아가 평화를 가르고 사탄의 삼박자가 권능의 춤을 추는데...

하늘에서 떼어버린 여섯 개의 버려진 자유는 이스라엘의 다섯 번째 여자의 품으로 숨어들어 세상과 지옥의 경계선이 되어 땅을 창조시킨다.

교만의 권세가 남긴 독부의 발자취는 평화를 나누어 열 개의 지옥문이라는 작품을 탄생시키고 천국을 침노하는 이성의 눈에 출발선을 긋는다.

사랑을 버리면 모든 문을 얻을 수 있건만, 감정의 눈은 이성의 눈을 잠재우고 지옥이라는 형 아닌 형을 역사시킨다.

어느 날, 빛을 타고 쏟아져 내린 진리의 창살은 독부의 심장을 향해 날아들고, 짐승이 부르짖는 광야의 네 바람은 독부의 살과 피를 나누어 갖는다.

자유 위의 자유에서 왔는가.. 승리의 옷을 입은 불꽃 같은 눈동자는 추악한 독부의 두 번째 죽음을 조여오고, 땅에서 잃어버린 여섯 개의 죄를 찾아 그의 길을 회귀한다.

그대여 아는가? 버려진 여섯 개의 별을 찾아갈 수 있다면 감정의 눈을 구해낼 수 있건만...!

그 열쇠는 보편의 그리스도라...

10. 길

공경과 복종의 차이점을 아십니까?

공경에서 자주성 혹은 자율성을 빼면 복종이 됩니다.

공경은 하기도 어렵고 받기도 어렵습니다. 공경하는 쪽도 흠이 없어야 하고 공경받는 쪽도 흠이 없어야 공경의 논리(=조화)가 성립되기 때문입니다. 아무리 운전을 잘해도 사고가 안 난다고 보장할 수 없습니다.

세상에 흠 없는 사람은 없습니다. 아무리 의로운 사람이라도 자신의 흠을 보지 못합니다. 그가 믿음이 있는 사람이라면 고침을 받겠지요... 이것이 믿음이 필요한 이유입니다.

다시 말해서, 당신이 믿음으로 얻을 수 있는 것은 흠 없는 인생으로 거듭나는 것 외에는 없습니다. 하느님은 믿음의 용도를 세상의 그 어떤 것에도 두지 않습니다. 오로지 흠(죄)을 제거하는 용도로만 사용하십니다.

흠이 없으면 전능한 자의 어떤 섭리가 기다리고 있을까요? 저도 궁금합니다. 아마도 가장 큰 상(평화)이 기다리고 있지 않을까요?

흠 없는 인생의 십자가 죽음은 어쩌다 일어나는 세상의 일이 아니라, 세상의 실제 모습을 보여주는 것입니다. 만일 예수님이 조금만 자주성을 버렸다면 사셨을 것입니다. 그러나 버리지 않으셨습니다.

그것(하느님 정의)이 목숨보다 소중하다는 것을 아는 자가 어찌 그것을 버리겠습니까?

성서에서 하느님이 말씀하시기를 "나에게 제사 지내는 것보다 내 뜻을 잃지 않는 것이 중요하다"고 하십니다. 그러니 아십시오. 하느님의 뜻을 잃지 않기 위해서 그 길을 가는 사람은 종국에는 세상에서 죽을 수밖에 없습니다.

세상에서의 죽음(사라지는 음)이 가져다주는 열매는 세상의 그 어떤 것으로도 살 수 없고 얻을 수 없습니다. '세상에서의 죽음'을 맛으로 표현한다면 알려줄 수 없습니다. 왜냐하면 언어가 없기 때문입니다. 언어는 소통의 수단으로 생겨난 것인데, 소통의 대상이 없으니 그 의미를 생성하는 어휘는 생겨날 수가 없습니다. 세상에는 '없어서 전달받지 못하는 것'을 어찌 전달할 수 있겠습니까? 반면, 하늘을 죽이고 세상에서는 사는 인생들의 무덤 같은 언어는 무궁무진하게 많습니다.

세상에서의 죽음은 믿음만이 가능하게 합니다. 이것은 사람이 스스로 할 수 있는 것이 아닙니다. 스스로 할 수 있는 것이었다면, 소통의 언어도 생겨났을 것입니다.

어쩌면, 불가에서는 이것을 열반이라고 하는지는 모르겠습니다. 그러나 내가 열반에 든 자를 만나보지 않은 이상 그 열반이 무엇인지는 나도 모릅니다.

죽음(사라지지 않는 음)만이 존재하는 세상에서 유일하게 길(생명)을 내신 분은 예수님이십니다. 그로 인하여 많은 사람의 희망이 된 분입니다. 그러나 불행하게도 사람들이 스스로 찾아가지 못합니다. 그분이 오시기를 기다리는 것 외에는 만날 수 있는 방법이 없습니다.

여기에는 두 개의 전제조건이 필요합니다.

첫째는 당신은 스스로의 힘으로 요단 앞에 서야 합니다.

둘째는 당신이 생명을 잉태해야 합니다.

To 엘르아살 (김정삼 목사님)

예수님은 죄에 대해서 분명하고 엄격했지만, 노아는 다릅니다. 그 이유는 (창세기 5장 29절)에서 찾을 수 있습니다. 김정삼 목사님은 이 부문을 간과하지 말아야 합니다.

엘르아살은 아론과 모세의 뒤를 이어 이스라엘의 2대 교주(제사장)가 된 사람이고, 여호수아와 함께 요단을 건너 이스라엘의 땅을 분배하고 의논한 사람입니다.

에필로그

세상에는 두 개의 낙이 있다. 하나는 세상과 타협하는 낙이요, 다른 하나는 타협하지 않는 낙이다.

씁쓸한 뒷맛을 맛보며 인생을 고뇌하는 사람은 타협하지 않는 낙을 버리지 못하는 것 같다. 그것이 그의 양식이기 때문이다. 내가 나의 인생을 버릴 수 없었듯이 그도 그의 인생을 버릴 수가 없는 것이리라.

보람과 희망을 세상에서 찾았지만, 아직까지는 자신의 길과 같은 이념의 동네를 세상 어디서도 보지 못했으니, 씁쓸한 뒷맛만이 남아 있을 뿐이다.

바쁘게 돌아가는 일상의 생활 속에서 그 씁쓸한 뒷맛을 챙길 여유조차 없는 그의 의지와 목소리가 어쩐지 짠하다.

11. 전하고 싶은 이야기 몇 개

☆ 알려는 드려야겠는데...

이름은 강 솔, 잘 기억은 나지 않으나 1985년 혹은 1986년경에 서울 동대문구 전농동에서 잠깐 사셨습니다. 그때 강솔 군의 나이가 2세 혹은 3세 된 거로 기억합니다. 대략 2020년 기준으로 만 37세 혹은 38세...!

강솔 군의 어머님은 형제분이 모두 다섯 분인데, 그 당시에 미국에 한 분 계시고 넷째분이 고려대에 재학 중이시고 다섯째분이 체대(?)를 다녔던 것으로 기억합니다. 강솔 군의 어머님은 셋째분이십니다.

만에 하나, 강솔 군이 이 글을 보게 되는 경우 어머니에게 알려주십시오. 어머님은 아브라함의 영혼을 품은 분입니다. 사라와는 관계 없습니다.

☆ 두 인간의 실수

대한민국에 과거의 섭리에 의해서 나라의 통치자가 된 사람이 둘(김대중, 노무현) 있다. 눈에 보이지 않는 섭리가 없었다면, 그들은 통치자가 될 수 없었다. 그런데, 그들이 실수한 것이 있다.

· 김대중의 실수- 그는 금송아지(노벨상)를 섬기는 인상을 남겼다. 금송아지는 하느님이 가장 싫어하는 것입니다.

· 노무현의 실수- 그는 자살하지 말았어야 했다. 그는 보기 드물게 의로운 사람이라, 그만한 사람이 통치자로 나올 수 있는 환경을 가지고 있는 나라는 세상 어디에도 없다. 그러니 섭리가 아니면 불가하다.

그는 자신을 반대하는 무리로부터 「정신을 죽이고 육체를 살리겠는가? 혹은, 정신을 살리고 육체를 버리겠는가?」의 시험대 위에 있었다. 결국, 그는 666이 되지 않기 위해서 육체를 버렸다.

아쉽다! 조금만 더 믿음이 있었더라면, 자신의 원수를 자신의 손으로 심판할 수 있었는데...! 그는 국가의 '자주적 자존심'을 최고의 국익으로 생각하는 사람이었으며, 최적화된 민주화(=바로 된 질서와 바로 된 자유의 조화)를 꿈꾸는 사람이었다.

진리를 사랑하는 자주적인 한 사람과 그를 팔아먹는 무수히 많은 사람과의 비교는 어불성설입니다. 가치 있는 금 한 덩어리를 쓸모없는 돌덩어리들과 비교함에 지나지 않습니다. 사람이 모이는 곳에는 쓸모없는 돌 한 덩어리로 인해, 금덩어리들이 사라지는 뼈아픈 역사가 숨 쉬고 있습니다. 진리의 하느님을 중심으로 하는 인생관과 역사관이 없다면, 세상은 언제까지나 그럴 것입니다.

☆ 잘못된 모방

뱀이 가장 싫어하는 것이 담배라. 담배는 사람들에게 잠깐은 처소와 같은 역할을 해 주는 것입니다. 흡연을 경고하고 제한하는 것이 너무 지나치다고 생각해 보지 않을 수 없다. 공원에서 하늘에 대고 담배 연기도 뿜어내지 못한단 말인가? 아무리 생각해도 이해가 안 가는 처사이다. 어떤 똥 먹는 선진국의 그 빼어난 미모에 혹해서, 닮고 싶어서 생각 없이 맹목적으로 모방하는 것은 아닌가?

흡연을 권장하는 것은 아니지만, 사람이 살아가는 곳에는 흡연으로 인한 병폐만큼, 모든 사회적 물리적 현상에 악폐와 병폐가 있다. 왜! 유독 흡연에는 규제가 많고 관용을 보이지 않는가!?

그 여자가 담배 값을 인상하는 바람에 노숙인 생활 근 10년에 주워 피운 담배꽁초가 수 천 개피는 되는 것 같다. 생각없이 쓸데없는 짓을 해서 명을 단축하는지 모르겠다.

혹시나 내가 쓴 글을 읽고 오해하는 분들이 있을 것 같아서 한 말씀 더 드립니다. 어찌하여 담배를 피우더라도 이후에 적당히 때가 오면 끊어보려는 노력은 권장하고 싶다. 본인도 젊었을 때는 하루에 두 갑 가까이 피웠다. 중간에 10년 넘게 끊고, 이후에 다시 피우지만 언젠가는 끊을 것입니다. 나는 끊는 시점을 알고 있다. 그 때가 과거처럼 힘들게 억지로 끊는 시점은 아니지만, 피워야 할 이유가 없어지는 시점이기도 하다.

사적인 얘기지만, 나는 비교적 평안하게 노숙인 생활을 한 적이 있습니다. 이 나라의 노숙인 돕는 여러 단체에 감사드립니다. 노숙인 생활을 10년간 지속한 것은 아니지만, 노숙인이 아니었을 때보다 노숙인이었을 때가 시간적으로 더 많다. 아마도 내 인생에 있어서 사람다운 사람을 만난 것이 노숙인 생활을 하는 그 10년에 가장 많지 않았나 생각합니다. 상대적으로 그만큼 악한 사람도 많이 봐 왔다.

☆ 상반되는 두 사람

어느 날, 우연히 길을 가다가 노숙하는 분들 가운데 지하도에서 박스를 깔고 성서를 탐색하는 사람을 둘 봤습니다. 한 사람은 자신이 경험하고 느껴온 세계를 성서의 말씀을 통해서 진지하게 먹는 사람입니다. 그것으로 자신의 나아갈 바를 깨닫는 사람입니다. 그러나 다른 한 사람은 그렇지 않다. 짐을 지고 있으나, 세상에 의지하고 바라고, 여전히 세상의 눈으로 성서를 읽고 있다. 아무것도 얻지 못한다.

노숙하는 거지 두 사람이 있습니다. 한 사람(A)은 사람답게 살려고 한 것이 이유가 되어서 거지가 되었고, 다른 한 사람(B)은 사람답지 않은 인생을 산 것이 이유가 되어서 거지가 되었습니다. 두 사람이 길거리에서 동냥하게 되었는데, B가 A보다 수입이 좋으면 태극의 붉은 것이 아래로 내려가는 시점입니다. A가 B보다 수입이 좋으면 태극의 푸른 것이 위로 올라가는 시점입니다. A의 경우 동냥하더라도 사람들에게 불편을 주지 않습니다.

태극의 물결, 붉은 것이 아래로 내려가는 시점은 여섯 별이 떨어지는 시점으로, 눈이 없고 비자주적인 인격이 주인 노릇을 하는 시점입니다. 자주적인 것을 싫어하는 주변의 나라가 조용해집니다.

그러나 아십시오(젊은 분들에게 한 말씀), 적은 내부에 있습니다. 내부가 정리되면 외부의 문제는 저절로 정리되고 해결됩니다. 문제의 근원을 외부에 먼저 두면 아무것도 해결되지 않습니다.

☆ 아버지의 사명

아버지는 자식에게 세상이 어떤 모습을 하고 있는지, 바르게 이야기해 줘야 합니다. 지금과 같이 커뮤니케이션 정보 매체가 세상을 뒤덮고 있는 이때에 세상에 취하도록 내버려 둬서는 안 됩니다.

진리가 아닌 것이 진리를 평가하고 판단하며, 전쟁에서는 가짜가 진짜의 등을 떠밀고 상을 받는다. 가짜가 정책을 결정하고 사람을 통제한다. 바람 먹는 경찰관이 길목에서 진짜를 기다리고 있다.

민주니 법이니 국민이니 하는 알량한 언어유희에 서로가 놀아나는 세상에 살고 있음을 아이에게 알려주어야 합니다. 뿔을 숭배하는 무리와 예수님을 공통의 분모로 묶어 버리는 것이 세상의 법이라. 갇혀 있으면 귀걸이 되고 코걸이 됩니다. 갇혀 있는 몸에 대한 해방은 하느님만이 해결할 수 있습니다.

진리와 잣대가 없는 세상에서 행복 찾는 여자, 이를테면 자라지 못하는 나무로 만들어서는 안 됩니다. 그래야 그 아이가 자신의 진짜 진로에 대해서 고민하고, 사람의 길이 쉽지 않음도 알지 않겠습니까? 이름과 감투에 취해 사는 가짜들의 꽹과리 소리에 취해서 때를 놓친다면 얼마나 억울한 일이겠습니까? 제대로 된 아버지의 역할이 얼마나 중요한지 알아야 합니다.

☆ 글쓴이의 메시지

내가 쓴 글을 읽는 분 중에는 중간에 읽는 것을 그만두거나, 끝까지 읽더라도 관심을 두지 않는 분들도 꽤 될 것입니다. 개중에 내가 쓴 글이 진짜라고 생각하시는 분들은 여러 권 복사해서 주변의 사람들에게 전해지기를 바랍니다. 커뮤니케이션 매체를 이용하는 분은 일부만 공개하면 안 됩니다. 모두 공개해야 합니다. 단, 내용을 빼거나 더하거나 바꾸면 안 됩니다.

내가 전하는 메시지가 어떤 사람들에게는 쓸모없고 소용없는 것이겠지만, 아마도 많은 분이 깨달음을 얻고, 더 나아가 인류의 고민이 사라질 것이라고 생각하는 분들도 계실 것입니다.

옳습니다.

또한, 내가 쓴 글은 시간이 지나면서 약이 되고 힘이 되는 글입니다. 대부분 젊은 분들의 경우, 아직은 세상을 먹고 머무는지라, 내가 쓴 글이 마음에 와닿지 않는 분도 많을 것입니다. 내가 전하는 내용이 옳은 것은 알겠지만, 세상에 취해 있는 자신의 마음을 채우는 것이 아니어서 가고 싶지 않은 길이요, 또 주변의 눈치를 봐야 하는 불편함을 감수하고 싶지는 않을 것입니다. 만일 이 글을 읽는 당신이 그러한 사람이라면 그래도 당신은 괜찮은 편에 속하는 사람입니다. 적어도 당신이 옳은 것을 공격하는 사람은 아니기 때문입니다.

젊은 분들에게 문제 드립니다.

문제) 내가 어렸을 때부터 주변 사람들에게 자주 듣던 말 가로되 "인생 뭐 있어?" "먹고 살자고 하는 짓 아냐?"

이 두 문장을 사용하는 사람들에게서 '이들은 누구인가? 그리고 나도 그런가?' 깊이 있는 생각을 해 보시기 바랍니다.

물론, 언어라는 것은 입에서 나오는 것만이 다는 아닙니다. 태도와 표정도 언어입니다. 인생을 좀 살다 보면 같은 말을 하더라도 어떤 뜻이 숨어 있고 생략되어 있는지 분별력이 생겨서 가까이하거나 멀리하게 됩니다.

내가 쓴 글은 지금의 이스라엘 국가에 교화를 주어 하느님의 뜻을 이루는 데 목적이 있습니다. 시간이 필요하고 쉽지 않은 길이지만, 최초의 이스라엘 국가인 한국인의 열정으로 그것이 이루어진다면 더 바랄 것이 없습니다. 지금 서방의 이스라엘 사람들은 자신들의 언어에서 가장 멀리 있는 한국어의 열 모음을 먹어야 합니다.

그들은 천상천하 유아독존(예수님)을 왕으로 두고 있으면서도, 눈이 없고 믿음이 없어 제 길을 놔두고 돌아서 갑니다. 고래 심줄보다 더 질긴 유대인들의 고집은 고쳐지는 것이 아닙니다. 그들은 육체가 될 것입니다. 그 와중에 돌아올 사람은 돌아올 것입니다.

12. 글쓴이의 바람 (희망)

저의 전하는 글이 보편중심의 만인의 다른 나라 사람들에게 대한민국이 최초의 이스라엘 국가로서의 증표가 되고, 또 한글 표준어가 그 어떤 이유가 있어서 하느님이 주신 동방의 이스라엘 문자라는 것인지 세상 나라의 모든 사람이 알았으면 좋겠습니다. 그러나 그 계기를 만들기 위해서 어디부터 어디까지 손을 봐야 하는지는 모르겠다.

또한, 지금 서방에 위치하고 있는 이스라엘 사람들이 '내가 전하는 글을 읽고 자각 할 수 있을까?'도 문제가 된다. 여기에는 한국 사람들의 노력이 있어야 한다. 많은 것을 공개하는 것도 그러한 이유에서이다. 한국 사람들이 내가 쓴 글을 읽고 세상 사람들이 알지 못하는 진리의 내용이라는 확신이 서지 않는다면 행동으로 옮기지 않을 것이다. 그러니 나는 어디까지 절충점을 두어 한국인들을 움직일 수 있도록 만들 것인가에 대해서 고민하지 않을 수 없었다.

의문으로 일관된 내용과 현상을 보고, 그것을 바르게 판단하기 위해서는 직접 그 길에 들어서서 체험하지 않으면 알기 힘들다. 그렇더라도 보편과 이해의 근거가 되는 것을 모두 제공하고 있으니 성서나 동양의 역사에 대해서 어느 정도 지식이 있는 사람들은 내가 전하는 내용을 바르게 이해할 수 있을 것이라고 생각합니다.

내가 원하는 것은 한국 사람들을 움직여서 잘못된 많은 것을 바로잡으려는 것입니다. 그렇게 되기 위해서는 세상 사람들이 알지 못하는 바로 된 지식을 전달하고, 세상에서 보편을 느끼고 살아가는 사람들에게 전달 가능한 보편의 지식이어야 하지 않겠습니까!?

저의 전하는 지식은 여기서 끝나지 않을 것입니다. 많은 사람에게 영감을 주어 좀 더 정화된 세상으로 나아갈 수 있는 방향성도 함께 제공하고 있습니다. 또한 이것으로 인해 인류의 고민이 사라진다면, 그저 세상에서 크게 한 획을 긋는 서막이 되지 않을까 생각합니다.

- 감사합니다 -

☎ 추신-

김한비 님에게 문제 드립니다.

지금 어디 계시는지는 모르겠지만, 의사 생활을 잘하고 계시리라 믿습니다. 아무쪼록 평안하기를 바라면서... 이 문제는 과거에 드렸던 서신의 내용을 일부 수정하는 의미가 있습니다. 수정하지 않더라도 문제가 되지는 않습니다.

(창세기 15장 9절) 여호와께서 그에게 이르시되 나를 위하여 삼 년 된 암소와 삼 년 된 암염소와 <u>삼 년 된 숫양(?)</u>과 산비둘기와 집비둘기 새끼를 가져올지니라

저자 이호일 중앙대학교 졸업, 학생회장 역임
도움 김한비 서울대학교 의과대학 졸업
도움 윤상길 저자의 벗
도움 김정삼 세계초대교회 목사, 경기도 화성

91

- 북으로 가는 백마를 타라 -